日本のかわいい刺繍図鑑

千葉 美波子

はじめに

　子どもの頃から和名の色事典を眺めること、家紋や着物の柄、妖怪図鑑を見ることが好きでした。
　大人になって日本古来の図案により深く触れるようになると、ますますその素晴らしさに胸打たれ、今っぽくて本当に使える「かわいい」和の刺繍図案をいつか提案できたら……そう思うようになりました。

　不憫な、かわいそうなが転じ、助けてあげたい、守りたいといった愛情を意味するようになった「かわいい」は、現代ではとてもありふれた言葉です。
　実際には、いとしいや小さい、幼い、哀しい、大切な、恥ずかしいなど、もっと多くの意味を経て成立したようで、それも使えるシーンを広くしている要因の一つかもしれません。私が「かわいい」と言う時は、守ってあげたいという意味で使うことが多いような気がします。それはおそらく、母の影響でしょう。

[付喪神]
百鬼夜行絵巻（室町時代／写本ともいわれる）から材を取った琵琶や琴の付喪神に、刺繍針、ピンクッション、糸切り鋏、糸巻き等手芸道具の器物の怪を加えて刺繍しました。化けて出たあともどこか楽しげです。

そのことに気がついたとき、意匠そのものだけでなく、子どもの成長や夫の無事を祈って服に刺繍をするいじらしさ、捨てずに活かす繕いのこころ、針供養や付喪神(つくもがみ)など無機物へ向ける優しい眼差しまですべてがかわいく思え、針目が連なるように一気に、私なりの「かわいい図鑑」のイメージが浮かんできました。

　イメージを本という形にできたのは、ひとえに信頼する人たちのおかげです。本当にどうもありがとうございます。

　この本が、誰かの暮らしの優しい相棒になってくれたらうれしいです。
　優しいということは弱いようで、実はとても強く、どんなものも包み込める懐の深さがあります。「かわいい」もまたそうなのだと、私は思っています。

千葉美波子

もくじ

季節の愉しみ 6
- 春の紋様　Spring　　　8 | 82
- 夏の紋様　Summer　　14 | 86
- 秋の紋様　Autumn　　20 | 90
- 冬の紋様　Winter　　26 | 94

晴れやかな兆し 32
- 吉祥紋　Lucky charm　　　　　　34 | 98
- 十二支　Twelve zodiac signs　　　40 | 102
- 世界の十二支　Oriental zodiac signs　41 | 103

用の美のこころ 44
- 刺し子　Sashiko　　46 | 104
- 縞帳　Stripes　　　50 | 106
- 背守り　Semamori　56 | 110
- 繕い方　Darning　　58 | 112

アニミズム 62
- 妖怪アルファベット　Yōkai Alphabet　64 | 113
- 鳥獣戯画　Chōjū-Giga　　　　　　70 | 118

刺繍の道具と材料　Tools & Materials　74
基本のステッチ　Basic stitch　76
図案とつくり方　How to make　80

※「はじめに」とコラムの挿絵に使用している刺繍作品の図案とつくり方は掲載しておりません。
※ 写真で表現されている刺繍糸の色は実物とは異なる場合がございます。

季節の愉しみ 春の紋様・夏の紋様・秋の紋様・冬の紋様

page | 120-121

春は心躍り、夏は浮き立ち、秋はしんみり、冬はじっくり。季節が変わるごとに、自分自身も新鮮に変わります。
受け継がれる四季の図案を、暮らしの中で愉しんで。

Spring
春の紋様

page | 82-83

page | 84-85

Spring
春の紋様

菫蝶（すみれちょう） 蝶(不老不死の象徴)を菫になぞらえた家紋。見立て紋様は古くから日本人に好まれた。

蝶々もとまれ（ちょうちょう） 江戸時代の蝶々売りが紙でつくっていた蝶。竹ひごや筒で舞わせながら売り歩いた。

蔓結び蝶（つるむすちょう） 長寿や繁栄を意味する蔓で蝶をなぞらえ、吉祥の意味を重ねた見立て紋様。

燕（つばめ） 秋の雁に対し春の代表的な渡り鳥として親しまれてきた。縁結びと安産の象徴。

糸輪に覗き揚羽蝶（いとわのぞきあげはちょう） 変態する蝶に不老不死の願いを託し、多くの武家が家紋に使用した。

枝藤紋（えだふじもん） 古来より人気の花で紋章も多く、平安時代後期は藤原家の象徴としてより尊ばれた。

西王母（せいおうぼ） 中国の女神が武帝に与えた、3000年に一度実のなる貴重な長寿の桃。雛祭りに合う図案。

蒲公英（たんぽぽ） なかなか切れない根の強さが転じ、縁起のよい春の吉祥紋とされた。

桜紋（さくらもん） 春の代名詞であり季節を問わず用いることもできる、日本の代表的な花の図案。

桜（さくら） 奈良時代は宴の花として、戦国時代は散り行く潔さが武家に愛された。諸行無常の花。

花筏（はないかだ） 水面に散った桜の花びらが連なり流れる様を筏に例えた模様。この花は桜を指す。

儚さを好しとする

大地が彩りを増す春は、待ちに待った生命の季節。同時に、日本人が持つ儚さへの特別な思いを色濃く感じる時期でもあります。桜はその筆頭。あっという間に散るからこそ、多くの人の心を捉えて離しません。自分のものにできないという諦観とともにその瞬間を愛でることで、諸行無常の精神もまた育まれたのかもしれません。春霞や雲のように形のないものの図案化も、儚さを好しとする文化の一つといえるでしょう。

不安定なものを形にといえば、草木染めも同様。自然物からの染色は、狙った色を出すことはもちろん、安定的な再現も難しく、簡単に手に入らないからこそ価値がありました。長い間日本の着物には柄がなく、色で意味を表現したため、特に思いは強かったと想像できます。平安時代の襲色目（かさねのいろめ）はその白眉。表布に下の布色を透けさせたり、少しずつずらして配列を見せることで、「桜」「山吹匂」「移菊」といった季節ごとの詩情を楽しみました。現存する素晴らしい草木染めの衣装からは、ままならないものをそこに留めようとする執着と渇望を感じます。それは真剣な自然とのコミュニケーションであったことでしょう。

あらゆるものは変化し、移ろいゆく。諸行無常は真理ですが、自然の美しさ、不可思議さを留めたいと願うのもまた人の常。儚さはそれほどに魅力的です。

さくらがいもんよう
桜貝文様 桜貝と桜を組み合わせた爽やかな図案。貝合わせを想起させるので桃の節句にも。

はるがすみ
春霞 湿度の高い春に遠くが霞む現象を図案化。見えないものを描く感性が日本人らしい。

のまがたしょうぶかわ
野馬形菖蒲革 菖蒲を勝負にかけた端午の節句向きの紋様。馬等と合わせ、古くは武家が好んだ。

たんぽぽ
蒲公英 身近で力強く、愛らしくもある大衆的な花。かつては野菜としても食べられた。

のうぼたん
能牡丹 奈良時代中国から伝来した、豊貴を表す花。特に貴族に好まれた豪華な図案。

とくさ
木賊 兎と組み合わせた木賊兎も有名。昔は秋に収穫したため秋の紋様としても使われる。

なみ つばめ
浪に燕 家紋の一つ。波の寄せて引く様が用兵術に通じるとされ、武家に好まれた図案。

つくし
土筆 春を告げる姿の愛らしさとともに、手軽な食料としても庶民に愛されてきた野草。

いぬはりこおとぎいぬ
犬張子(御伽犬) 元は雌雄一対。多産な犬は安産の守り神とされ、かつては桃の節句に飾られた。

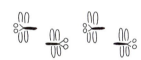
とんぼ
蜻蛉 肉食で前にしか進まない蜻蛉は勝虫と呼ばれ、武家に好まれた。

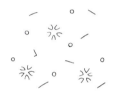
こざくらながし
小桜流し 季節を問わず使える小桜文様に幾何学模様を加えて、モダンに仕上げた紋様。

はるこま
春駒 男児が跨がり「はいどう、はいどう」と遊ぶ玩具。節句の図案として。

[花薬玉]
室内を清めるために吊るす薬玉(くすだま)は中国伝来で、元は蓬(よもぎ)や菖蒲(あやめ)を吊るす端午の節句の習わしです。行事としては初夏のものですが、図案としても人気があったことから意匠化され、描かれる花で季節を表すようにもなりました。

Summer
夏の紋様

page | 86-87

Summer
夏の紋様

蓮の池（はすいけ） 夏らしい涼やかな紋様だが、無常無限を意味する仏教的な花でもある。

水に鴨（みずかも） 水と鴨の組み合わせに軽やかに泳ぐ動きを加えて、更なる涼を表現した図案。

帆紋（ほもん） 船の推進力を得るための船具を図案化したもので、水や風を想起させる意匠。

青海波（せいがいは） 静かにさざめく悠久の波の紋様。平穏な日常への願いが込められている。

立浪（たつなみ） 逆巻く波頭を図案化。昔から日本人は形なきものを意匠化することを好んだ。

波に船（なみふね） 島国のため上代より船の図案を使用。時代と共に南蛮船や屋形船なども登場した。

文月（ふみづき） 旧暦7月を文月と呼ぶのは、七夕の短冊に願い事を書くことが語源といわれる。

踊り蟹（おどかに） 蟹は江戸時代以降に増えた図案。姿形の面白さを活かして大胆に用いられることが多い。

荒磯（あらいそ） 波間を跳ねる鯉の図案。急流を昇り龍になる中国の登竜門伝説から、立身出世の意。

海松貝（みるがい） 浅瀬に生える松の葉に似た海藻に、貝や波を組み合わせて水中の風景を描く。

雪輪（ゆきわ） 雪が積もる様子を意匠化した近世の図案。冬の図案だが夏に涼を求めても使う。

七夕のおはなし

　七夕の日に、白い糸に見立てたおそうめんを食べて、手芸の上達を祈願する。今はほとんど忘れられている風習です。七夕は織姫（養蚕の神）と牽牛（耕作の神）の夫婦が年に一度だけ会えるロマンチックな日。有名なエピソードですが、もとは中国の神話なのです。古代日本人が天文に関心がなかったのに比べ、中国では国を治めるための天文学が発達。暦に沿って様々な年中行事が生まれました。その一つが、奈良時代に伝わった「乞巧奠」（きこうでん）です。これは、女性が裁縫や技芸の上達を願うもの。当時、家族の身を守り、生活のあらゆる場面で使える布仕事は、嫁入り先を左右する重要な技術でした。

　この二つに習合したと思われるのが、日本の「棚機つ女」（タナバタツメ）信仰です。棚（機台）のある機――つまり立体的な織り機（ハタ）は、棚のない原子機よりも扱いが難しい反面、ずっときれいな布ができます。これを扱える女性を「オトタナバタ」と呼び、織られた高級絹織物は高貴な人たちの着衣や神への捧げものとなりました。「オト」は、かわいい、美しいという意味です。日本には古来より神婚伝承があり、神の一夜妻として、水辺で機を織りながら寄り来る神を迎えるという儀式が行われました。美しさと技術を兼ね備えた女性は神の持ち物であり、同時に彼女の生み出す素晴らしい布も神への捧げ物である、という考えです。日本には地上に織姫さまがいたのですね。

　様々な伝承や信仰が出会い、徐々に七夕祭りは姿を変えて

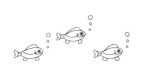

さかなもん
魚文 魚の泳ぐ様で涼を取る図案。流文を組み合わせることで、より涼しさが増す。

かきつばた
杜若 伊勢物語「八橋」から着物に使われることも多い。枕草子では「めでたきもの」。

あめ　いなずま
雨に稲妻 梅雨はうっとうしいが、瞬間を紋様にすると美しい。豊作を意味する吉祥紋。

つき　こうもり
月に蝙蝠 江戸時代に歌舞伎役者が使用し流行した。蝠が「福」の字に通じる中国伝来の吉祥紋。

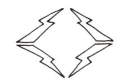

たちあおい
立葵 すっくと空に伸びる力強く太い茎が、立ちのぼる夏の熱を思い起こさせる図案。

あさがお　けんぎゅうか
朝顔（牽牛花） 夏の花の紋様は意外に少ないが、その代表的なもの。江戸中期に栽培が流行した。

あめ
雨 雨を斜線で表現するようになったのは江戸時代から。色っぽさもある渋い文様。

いなずままつかわびし
稲妻松皮菱 豊作を意味する稲妻を意匠化した家紋で、室町時代から存在する。

こうもり
蝙蝠 翼を広げた姿をたくさん配した「百蝠文（ひゃくふくもん）」は、より縁起が良いとされた。

かさ
傘 江戸時代に登場した番傘は高価だが人気があり、紋様も多く生まれた。

みずち
蛟 農業や漁業に影響する水を司する雨竜（あまりょう）として古くから信仰され、図案も多い。

た　あさがお
立ち朝顔 朝顔が開く間際を見るには早朝でないと難しい。その瞬間の凛とした姿を図案に。

いきます。おそうめんを糸に見立てるというのも、ちょうど夏の盛りに邪気を払う季節のものを食べることと、季節行事が結びついたのでしょうか。色糸を飾り、金銀で針をつくった乞巧奠の記録や、盥（たらい）の水に星を写し、五色の糸を針に通して手芸上達を祈った江戸時代の記録を読むと、胸がときめきます。紙の短冊も、もとは五行色の布を飾ったのだとか……。

今年の七夕も、おそうめんを食べてささやかに祈ろう。布も飾ってみようか。そんな気持ちになります。

［手習い］笹に短冊を飾るようになったのは江戸時代から。書道の上達を祈って短冊に文字を綴ったことが、願い事を吊るす慣習として残ったのでしょう。紙でつくった人形を軒に飾る地域もあるようです。

Autumn

秋の紋様

page | 92-93

Autumn
秋の紋様

つき すすき
月と芒 秋の七草の一つ。しなだれたその姿は秋の物哀しさとわびさびを代弁する。

み お まつば まる
三つ追い松葉の丸 堂々とした松はその葉も絵になる。はらりと落ちた様が晩秋から冬に似合う。

くみいちょう
組銀杏 銀杏の葉を連続させた図案。銀杏は生命力が強く実が多く成ることから、子宝信仰も。

すずむし
鈴虫 文様にされる虫は少ないが、鈴虫は秋草と共によく使われる。音色も秋の風物詩。

うすつ うさぎ
臼搗く兎 日本では月の模様を臼を搗く兎に見立てる。中秋の月頃に合う図案。

まんじゅぎく すすき
万寿菊と芒 秋草は単品よりもいろいろな種類が集まって表現され、秋草文と総称される。

さんばと かりがね
三羽飛び雁金 雁金の飛ぶ姿を意匠化したもの。図案としても食べ物としても人気があった。

むぎ ほ
麦の穂 黄金に実る穂は穀類が主食の日本人には馴染み深いが、図案としては多くない。

もみじ
紅葉 色と形の美しさから今も昔も盛んに使われる。生えても散っても添えてもよい。

むじなぎく
狢菊 名は小菊の花びらを細かく散らした様が狢(アナグマ)の毛並に見えることから。

しかもん
鹿文 神道では神の使者とされ日本で親しまれてきた。秋草や紅葉との組み合わせが多い。

余白のある風景

　日本デザインの特徴の一つに、「余白」があります。あえて描き込まないという手法ですが、余白は主題と同等に扱われ、さながら陰陽の関係のようにバランスをとっています。西洋絵画の世界からすると信じられないであろう、独特の空間構成です。その余白は見る人に、美しさはもちろん、さびしさや晴れやかさ等の心情、寒さや晴れ間などの天候、そして音を感じさせます。しかしそれらは皆、そこに描かれてはいないのです。見えないものの存在を感じる。言わないことで伝える。これは実に日本人らしい感性であり、ややこしい部分ともいえますね。

　日本庭園のひとつ、枯山水も余白の美です。砂と石といったごくシンプルな構成物で山水をつくるのは、禅の精神である「持たない美学」や「不足の豊かさ」の現れといわれています。

　そして茶道もまた、究極の余白文化です。不完全であるから可能性がある(虚の思想)、小さいものにこそ宇宙の真理がある(極小の宇宙)といった考えから、一見無価値とされるものに心を注ぎ、至上の境地を目指すのです。

　では、刺繍の世界ではどうでしょう。ワンポイントで小さなモチーフを丁寧に刺すことも、余白の美とはいえないでしょうか。好きな物にぽつんと、欲張らずに潔く、一つきりを大切に刺してみてください。集合した華やかさでは得られない凛とした愛らしさが、そこに見つかるはずです。

葡萄の丸紋　シルクロード伝来の葡萄柄は、唐草文様を皮切りに古くから日本でも使われた。

武蔵野　芒（すすき）に月ではなく鐙（あぶみ）を合わせた珍しいもの。武具の文様化は江戸時代から。

後向き番い兎　兎は敏捷さと闘争心の象徴として武家が多用した。かわいくなるのは明治後半から。

春日山文　古今和歌集に材を取った風景文。着用することで教養もアピールできた。

女郎花（思い草）　女性の立ち姿に例えられる秋草。「をみな」は若い女、愛くるしい乙女の意味。

光琳菊　尾形光琳の画風を模した文。形や色も様々で、古くから親しまれた菊は人気の意匠。

留守文様（猿蟹合戦）　主人公の周辺のものを描くことで物語を想起させる。これは猿と蟹が不在。

三つ銀杏　神木として祀られる神聖さと扇のような形が愛され、多くの銀杏家紋が生まれた。

違い雁金　幸せを運ぶ鳥として中国より伝来した図案。秋の文として、また家紋としても人気。

瓢箪で鯰　つかみどころがないことを喩えた禅問答。瓢箪は空洞に神霊が宿るとされた。

花兎　花と兎をセットにした図案の総称。これは萩を添えて秋の図案とした。

浪に紅葉葉　流水と紅葉の組み合わせも人気がある。川面に見え隠れする紅葉が風流な連続模様。

[花札]
安土桃山時代にポルトガルから伝わり、賭け事に使われたため政府が禁じたかるた（CARTA）がルーツ。禁制をかいくぐるため生まれた花札は、賭け事用とわからないよう植物で数字を表したそうです。

Winter
冬の紋様

page | 94-95

Winter

冬の紋様

ひと まつ
一つ松 松竹梅で最も縁起の良い松を力強く配した文。年神の依代（よりしろ）として正月に飾る。

うめづる
梅鶴 春を告げる生命力や姿の可憐さ、香りが愛される梅を鶴に見立てた面白みのある家紋。

ゆきも ざさ
雪持ち笹 空洞に霊力があるとされ門松にも。雪を負いしなる姿が強さや健気さに通じる。

ちどり
千鳥 水辺の小鳥の総称。もとは哀切な文様だったが、江戸期に丸みのあるデザインにされた。

やゆき　せっか
矢雪（雪華） 雪輪が積もった雪ならこちらは雪の結晶の意匠。雪華文は江戸後期に登場した。

えだつばき
枝椿 日本原産で春を告げる瑞兆（ずいちょう）。悪霊を祓う力があるとされ、神事に欠かせない。

だいしょうあられ
大小霰 江戸小紋では小さな丸で降る霰を表した。大小がついたものを大小霰と呼ぶ。

はなたばもん
花束文 水引や糸で結んだ花の図案で近代的なもの。花熨斗文（はなのしもん）よりカジュアル。

つららゆき
氷柱雪 雪の家紋の一つで結晶を意匠化したもの。40種以上ある。雪は豊年の兆しを意味する。

すいせん
水仙 椿と並んで春を告げる瑞兆。洋花の印象も強く、着物の柄としては明治に登場した。

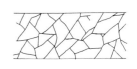

ひわ
氷割れ 氷の割れ目に美しさを感じて生まれた図案。梅の花などを組み合わせることも。

ハレとケ

　季節にちなんだ行事の多い日本ですが、年末年始ほどハレとケが入り交じる季節はありません。ハレ（晴れ）は祭りや年中行事の非日常であり、ケ（褻）はいつもの生活を指します。一年を収める宴会をし、ケガレ（気枯れ）を祓う大掃除をし、お正月飾りやお節や年賀状を用意する。クリスマスもすっかりハレとして定着した行事でしょう。最近ではハロウィンも？ 年々ハレのための準備事項は増えるばかりです。年末が今年もやってくる……考えるだけで目が回りそうですね！

　元旦は、年に一度年神さまがやってくる大切な日。農耕民族にとって田の神・水の神である祖霊を迎えるのはとても重要なことでした。今年も一年、家族が衣食住に困りませんように

と、神様をもてなしながら祈るのです。神様を迎えるのですから、普段食べられないものや着られないものにも触れられます。子どもにとってはお年玉が楽しみですよね。これもかつては、年神さまの魂が宿る鏡餅を食べて、パワーを分けてもらうことを意味したとか。年神さまからの贈り物を頂くことで、一年また元気にケの日々を暮らし抜く力がつきます。

　ハレとケを論じた柳田国男は、昔に比べてその境界が曖昧になったと言いました。彼の生きた昭和初期より現代はもっとそうでしょう。ハレは心静かにいつも通り過ごすケがあってこそ。けれど、静かで内省的な時間を持ちたいと願っても、これだけ情報が溢れていると、かなり意識的に暮らしを変えな

南天に雪（なんてん ゆき）　冬に実を成し、難を転じるといわれるめでたい花木。薬としても重用された。

浮寝鳥（うきねどり）　冬の暖かな日に水にたゆたう水鳥の姿。「憂き寝」にかけて、恋しくて眠れないの意も。

雲間の花（くもま はな）　雲は吉祥の意味のほか、図案のアクセントや場面転換、縁取り等多様に使われる。

対い獅子の丸（つがい しし まる）　ライオンを見たことのない時代の獅子は想像の獣だった。祝いの意から正月に。

雪に子犬（ゆき こいぬ）　応挙風の子犬が雪に遊ぶ様。犬の絵は狗図（くず）と呼ばれ、桃山時代から人気。

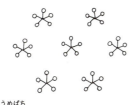
梅鉢（うめばち）　5つの丸と5本のラインのみで梅の花びらとおしべを表した秀逸なデザイン。

餅花（もちばな）　小正月に農家がつくる祈願の道具。垂れ下がる様を稲穂に見立て豊作を願った。

番い福良雀（つがい ふくらすずめ）　日本人が最も見慣れた小鳥で図案も多い。寒さにふくらむ＝福良むとされる縁起物。

松（まつ）　松は常世（とこよ：理想郷）の植物として尊ばれ、年中常緑の色も常磐色と尊ばれた。

注連縄（しめなわ）　神前からケガレを遠ざける結界で、正月には小さくつくった飾りを各家庭にも飾る。

追い羽根（おいばね）　ムクロジの実に鳥の羽根をつけて羽子板で打って遊ぶ、正月の玩具。

雪だるま（ゆき）　比較的近世の図案。日本の雪だるまは2段。夏に涼を呼ぶため使うことも。

ければ難しいもの。楽しそうなお誘いが山ほどある今、粛々とケを過ごすことはできるでしょうか。時代背景を考えると、働き詰めのケは辛いことも多かったでしょう。一方で集中して物事を仕上げること、繰り返していくことで深まる思索もあったはず。

　お正月にはまだまだ普段使いのできないモチーフがたくさんあります。吉祥紋を刺繍しながらハレの日を待つケを、今年は過ごしてみたいと思っています。

[鳳凰]
五色の羽は人の五徳を表し、鳳凰が現れる天下は至上とされました。西欧のフェニックスやインドの迦陵頻迦（かりょうびんが）など霊鳥信仰は世界中にあり、これが中国に渡って鳳凰思想の元になったともいわれます。

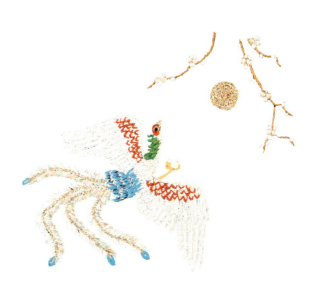

晴れやかな兆し

吉祥紋・十二支・世界の十二支

page | 122-123

祝うこと、願うことの形は、こんなにも鮮やかで楽しいのです。誰かのための図案を見つけてください。
ときに言葉よりも真っ直ぐ、込めた思いを伝えてくれるはず。

Lucky charm
吉祥紋

page | 98-99

page | 100-101

Lucky charm
吉祥紋

まつ つる
松に鶴 瑞鳥の鶴が吉祥の松に巣をつくるのは鶴の見間違いとされるが、今も人気の組み合わせ。

ほうおう
鳳凰 想像上の鳥で中国伝来。国を良く治めると現れる瑞鳥とされた。竹の実を食す。

むか まつく つる
向い松喰い鶴 古代オリエントがルーツで正倉院御物にも遺る花喰い鳥文の一つ。格の高い吉祥。

いちふじにたかさんなすび
一富士二鷹三茄子 語呂合わせや名品等由来に諸説ある初夢の縁起物。「四扇五煙草六座頭」と続く。

はねもん
羽根文 清浄で穢れがないとされ、茶道や香道、仏具の箒にも使われる。

はなのしもん
花熨斗文 包むことで相手への敬意を示す、折り形文化を表した文様。熨斗の原型は干し鮑。

えだたちばな
枝橘 日本では常世の国の果樹とされ、強い吉祥の意味を持つ。不老不死をもたらす玉樹。

あおい
葵 太陽を向く性質から好機好転を表す。幸先の良さを意味するので旅立つ人にも。

しょうちくばい
松竹梅 中国で清廉、節操を意味する歳寒三友が日本に伝わり言祝ぎの吉祥紋として定着。

ふじ
富士とスワンボート 美しさと高さから霊山として信仰された富士と、スワンボートの組み合わせ。

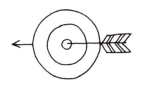
まとや
的矢 核心を突いていることを指す「的を射た」を想起させる縁起文。威勢がよい文様。

めでたい袋

　大きな頭陀袋(ずだぶくろ)を背負って打出の小槌を持ち、頭巾を被った姿でおなじみの大黒天。米俵を踏む姿はいかにも豊かさの象徴といった福々しさです。七福神のメンバーではもう一人、布袋さんも大きな袋を持っていますね。一体、あの袋には何が入っているのでしょうか？

　頭陀袋は、僧と巡礼者が使用するものです。頭陀の由来はサンスクリット語の「ふるい落とす」。乞食(こつじき・托鉢(たくはつ)しながら食物を乞うこと。生死を他人に託す生き方)に携える道具で、布袋さんが持っているのがまさにこれ。

　富の象徴とはほど遠いように思えますが、日本には「空である、もしくは余裕がある」ことを「なんでも入る豊かなこと」と捉える思想がありました。布袋さんの袋も大黒天の袋も、それ自体がおめでたいものです。また中が見えないことで、かえって人々はより多くの良いことを想像し、幸せを願えたのかもしれません。

　日本人は昔から吉祥紋を好み、着物をはじめとする工芸品に盛んに取り入れてきました。松竹梅や鶴亀、含綬鳥文様(がんじゅちょう)、七宝、八宝など、外国から伝来した図案を応用しつつ、宝珠、隠れ蓑、宝巻、宝鍵、丁字、熨斗、分銅なども組み合わせて、多くのバリエーションをつくりました。袋は、図案としては一般的ではないものの、そのどれをも入れることができ、また持たない選択もできる、自由度の高い吉祥だといえるでしょう。

いわいたい かけだい
祝鯛（懸鯛） 鯛を頭で左右に向い合わせた吉祥紋。正月には神棚やかまどに飾った。

まつ え
松が枝 細い枝を取り出すことでより身近な印象に。ささやかな祝いや添え飾りに向く。

おおいりぶくろ
大入袋 興行が成功した時に配られるご祝儀袋が転じ、成功を祈る文様としても使われる。

たけ とら
竹に虎 中国では虎は竹林に住むとされ、安住の地を表す図柄。力強くめでたい文様。

たからぶね
宝舟 富や福を表す珊瑚、打出の小槌、巻物、宝珠を乗せた宝舟を玩具で表現した。

みのがめ
蓑亀 尾についた藻が蓑に見えることからの呼称で、亀の中でも特に吉祥紋とされる。

すず
鈴 美しく大きい音色は神に届くとされた。美（よ）く成るの語呂合わせで縁起物。

たふく
お多福さん 低い鼻、ふっくらした頬の女面で昔の日本美人。「福が多い」の当字から縁起物に。

かねぶくろ
金袋 豊かさと繁栄を表す。身も蓋もない率直さがかわいい図案。

ひょっとこ
火男 竈佛（かまほとけ）とも呼ばれ、火起こしのため口が曲がっている。水を司るお多福と対。

おうぎちらし
扇散らし 末広がりで繁栄を意味する縁起のよい扇の散らし柄。扇の模様を変えても。

いせえび まる
伊勢海老の丸 腰が曲がっているが力は強く、海の翁と呼ばれる。長寿を表す縁起文。

[追儺・右]（page.43の左とセット）
インドのシヴァ神が日本に伝わり、大国主命と習合されて今の大黒天になりました。節分の追儺会（ついなえ）で鬼追いのあと福をもたらす大黒天を、巻物、勾玉、根付き松、米俵、大黒天の遣いである鼠等とともに宝尽くしに仕上げました。

Twelve zodiac signs
十二支

Oriental zodiac signs
世界の十二支

Twelve zodiac signs
十二支

ねずみ
子　野心的な勤勉家だが、和を重視し協調性がある。陽の男性性。蓄えるのが得意。

うし
丑　頼りになり几帳面で辛抱強いが、頑固でもある。陰の女性性。人見知り。

とら
寅　衝動的で予測できない部分があるが、寛大で愛情深い。強運。個人プレイ向き。陽。

うさぎ
卯　芸術的で思慮深く、知的で強運。優しいが自身の快適な暮らしが最重要。陰。

たつ
辰　意志が強くエネルギッシュ。時に傲慢で威圧的な人も。しかし成功者も多い。陽。

へび
巳　官能的で創造力があり、責任感が強く粘り強い。秘密主義で嫉妬深い。陰。

うま
午　裏表がなく才能もある人気者。せっかちで気まぐれなので騙されやすい面も。陽。

ひつじ
未　思いやりがあり人気者。芯が強く負けず嫌いだが受け身な面も。さみしがり。陰。

さる
申　探究心があり独創的で機転が利く。一方自惚れ屋で怠け者、心配性の面も。陽。

とり
酉　面倒見が良く社交的。起業家タイプ。強運だがプライドが高く自分本位な面も。陰。

いぬ
戌　誠実で忠実、愛情深く信頼される。恩義も恨みも忘れない。融通が利かない。陽。

十二支エトセトラ

　今や年に一度、年賀状にしか登場しない十二支ですが、もとは中国の生まれ。

　12年で太陽を一周する木星の観測から算出した地支(地の12の流れ)に、性格、五行(木、火、土、金、水の五元素)、陰陽(女性性と男性性)等を当てはめて世界の理を示すという、かなり壮大な思想です。

　また昔の時刻表記として、時代劇で目にすることも。子の刻を0時として、それぞれの時間に十二支を当てていきます。怪談話でよく耳にする「草木も眠る丑三つ時」は、午前2時〜2時半のことを指します。

　さらに十二支は、方角を表す名称にも使われました。艮(うしとら)の方角には、牛の角を持ち、虎の皮のパンツを履いた鬼がいるといい、「鬼門」と呼ばれます。この鬼門、今も不吉な場所の代名詞として使いますよね。反対側に位置するのが「裏鬼門」で、その後ろに控えるのは申、酉、戌の3匹。これが桃太郎のお供の由来といわれています。また、陰陽五行説で桃は金の性質を持つのですが、申、酉、戌も金の属性。闘いに共に赴くにはやや心細いかと思えた3匹が、立派に役目を果たせたのも頷けます。

　十二支はアジアだけでなくロシア、アラブ、ヨーロッパにも伝来していきました。身近な動物に置き換えられ、今も使われているそうです。

Oriental zodiac signs
世界の十二支

いのしし
亥 社交的で正義感、頼りがいがある。気まぐれなので個人プレイ向きだが、お人好し。陰。

ぶた
豚 ベトナム、トルコ、ブルガリア、インド、ロシア、モンゴル、イラン等多数で、猪の代わりに。

わに
鰐 アラビアでは龍の代わりに鰐が使われる。

くじら
鯨 イランでは龍の代わりに鯨が使われる。

すいぎゅう
水牛 ベトナムでは牛の代わりに水牛が使われる。

やぎ
山羊 ベトナムとタイでは羊の代わりに山羊が使われる。

ひょう
豹 モンゴルとトルコでは虎の代わりに豹が使われる。

さかな
魚 トルコでは辰年(龍)の位置に龍と魚の2バージョンがある。

ガルーダ インドでは鶏の代わりにガルーダ(インド神話の神鳥)が使われる。

ねこ
猫 ベトナム、チベット、タイ、ベラルーシでは兎が猫に、ブルガリアでは虎が猫に。

[追儺・左](page.39の右とセット)
豆に追いやられる赤鬼と青鬼です。鬼(=厄)を祓う節分行事、追儺会(ついなえ)で鬼追いをするのは毘沙門天(びしゃもんてん)です。打ち出の小槌、珊瑚、小判、達磨、お多福さんなどとともに宝尽くしに仕上げました。

用の美のこころ　刺し子・縞帳・背守り・繕い方

page | 124

「刺し子」、「縞」、「背守り」、すべての時代背景に繕い文化がありました。一針一針、思いを馳せて。
無駄を省いたデザインが、生き方と身ごなしを今に伝えてくれます。

Sashiko
刺し子

page | 104-105

Sashiko
刺し子

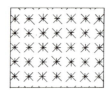

こめざし
米刺し クロスステッチのような刺し目で「米」の字に似た形をつくる文様。米の豊作を願う。

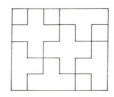

じゅうじ
十字つなぎ 「卍」のつなぎのようにも見える。広い面に大胆に刺してもモダン。

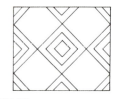

たてさんます
堅三枡 枡形の一種で、健康や「ますます繁盛」の意味がある。数で家の中の序列を表す地域も。

ひしせいがいは
菱青海波 永遠の平和を意味する青海波は半円形だが、意味はそのままにシャープに表現。

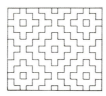

かき はな
柿の花 人気の紋様で、重ねる数によって華やかさが変わる。縦糸と横糸を変えてもよい。

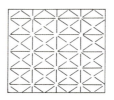

ひし はな はなざし
菱の花（花刺し） 厄除、魔除けの意味がある菱形を並べて花を表現した図案。

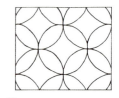

しっぽう
七宝つなぎ 平和や円満が永遠に続くことを表す縁起文。財宝や子孫繁栄の意味も。

糸で善くする

皆さんは日本の刺繍と聞くと、何を思い浮かべますか？

絹糸で緻密な絵をつくる日本刺繍も素敵ですが、私の頭にぱっと浮かぶのは素朴な刺し子です。祖母の趣味だった刺し子は、子どもの頃から身近で懐かしい存在。麻の葉文様を刺してくれたふきんは、今も我が家で現役です。

刺し子のルーツは僧侶の身につけていた糞掃衣だといわれています。人々が捨てたボロ切れを接ぎ合わせた着物には、自分の持ち物を持たず、衣食住すべてを他人や運命に任せるという出家した者の乞食精神が見事に表れています。時代が変わるにつれ、富を蓄えた僧侶の袈裟はどんどん豪華になったため、私たちの中には、僧侶の衣服がボロだという印象がありません。

正倉院には聖武天皇の刺衲袈裟が収められており、これは色絹を少しずつずらしながら一面に刺してあります。ボロというには美しいものですし、そもそも天皇の持ち物ですから本来の糞掃衣とは異なりますが、仕事としては大変なもので、ものを大切にする心が伝わってきます。

大きさの異なるボロを接ぎ合わせるためには、何枚か重ねて針を垂直に刺さなくてはいけません。これはすくい縫いができる刺繍と違い、より時間がかかり、重ねた分固くもなります。刺すことは今よりもずっと重労働でした。袈裟は一針ごとに礼拝しながら縫い上げるもの（一針三礼）とされていましたが、仕事がそのまま祈りでもあったのかもしれません。

青森にも麻布や木綿布を接いだ敷布「ボド」があり、使うう

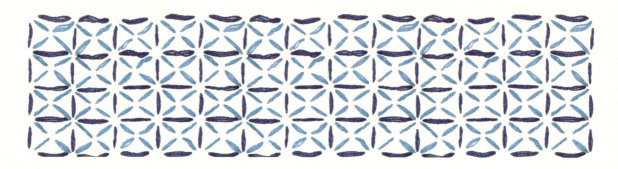

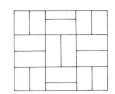
二の字（にじ） 江戸の火消しがグループ分けに使った文。二番組の意味で半纏（はんてん）に入れた。

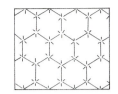
角亀甲（つのきっこう） 永久不変を表す世界的な六角柄を、日本では亀の甲羅に見立てる。長寿や金運の意も。

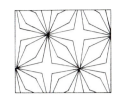
花文（はなもん） 難除けを意味する菱形を花びらに見立てた華やかな文様。ガンゼ刺し（ウニ模様）に似る。

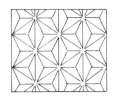
麻の葉（あさは） 魔除け効果があるとされる人気の柄。麻のごとく真っ直ぐ育つようにと子どもの産着にも。

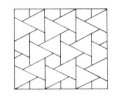
鱗車（うろこぐるま） 魚は後退できないと思われていたので、前進や躍進の意味を持つ。女性の厄除けにも。

刺し子は刺繍枠を使わず、何針かを続けてすくう運針という方法で刺し進めます。形ごとでなく同一線上に針を進めるので、徐々に紋様が浮き上がるのが面白いのです。表紙の地紋は竪三枡をベースとし、バックステッチに変えて力強い印象に仕上げました。

ちにすり切れた場所に接いでいく布のことを「ボドツギ」と呼びます。その背景には圧倒的な物資の乏しさ、貧しさがあります。

けれど、女性が畑仕事の合間に縫い合わせた布には、日々を過ごす必死さとともに家族への慈しみがこもっていて、とても豊かなものに思えます。どんなに材料が限られていても、色合わせや形、刺繍のデザインで実用性に沿った美しさ、楽しさを付け加えてあるのです。デザインのよいものは近隣でシェアし、他の村に嫁ぐとまたそれが伝わり……女性たちは独自の繕い文化を形成していました。

使い古した着物をベースにしてつくるボドはお産の時にも使われました。何度も刺し足すので、もっと古い世代の先祖が使った布も混ざっていたかもしれません。代々家族の身を包んでいた布には、ただの道具以上の意味があります。その家系のすべてで、生まれ落ちるいのちを受け止めるのです。

端切れはこうしてお産に使われることもあれば、この世を去る時に見守ってくれる袈裟にもなりました。端切れの"端"は境界を意味しています。縫う人の「健やかに」「安らかに」の思いをのせて、いのちの向こうとこちらをつなぐのです。どんな形にも順応できる布にしかできない仕事とはいえないでしょうか。

繕うの語源は、糸でより善くすること。糸で暮らしを整えること。それは、誰もがいずれあの世へ行く日々の中身を整えることにもつながるのかもしれません。

Stripes
縞帳

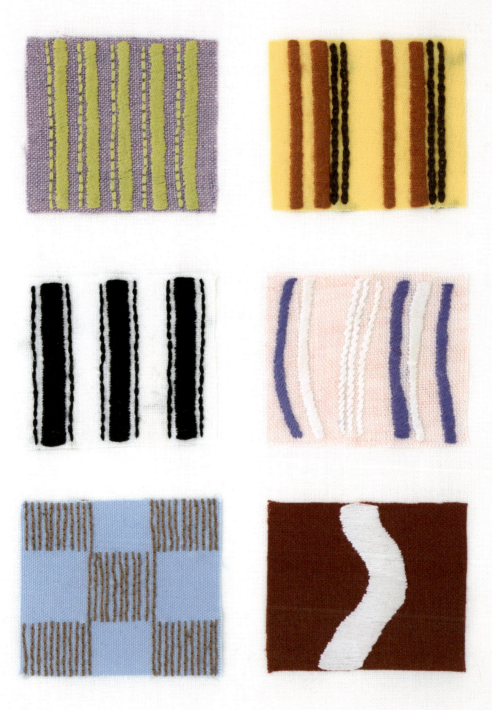

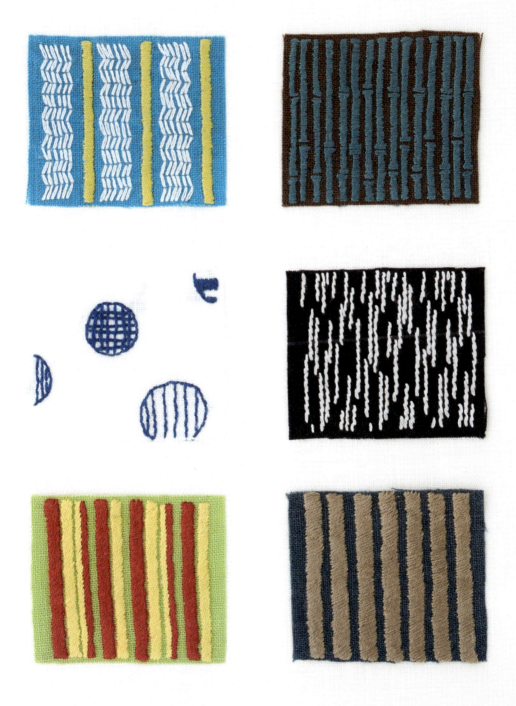

page | 106-107

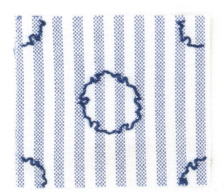

Stripes
縞帳

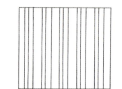
かたこもちしま
片子持縞 太い線に細い線を平行に配する。子持筋ともいう。

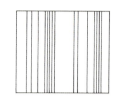
きはちじょう
黄八丈 渋みのある黄金の染糸に鳶色と黒が特徴の織りの名称。初めは大奥専用だった。

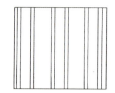
りょうこもちしま
両子持縞 太い線の両側に細い線を加えた縞。太い線2本で細い線を挟むと婚礼の祝い柄に。

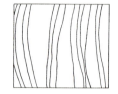
よろけじま
蹌踉縞 蹌踉織りで織った波状の文様。規則的なよろけもある。どこか色気のある柄。

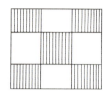
しまいちまつ
縞市松 2色の正方形を互い違いに並べた市松模様に、縞を配した変形柄。石畳とも。

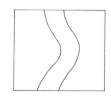
うねりしま
うねり縞 江戸時代、火消しが着た半纏(はんてん)の背に配した意匠。太さや本数で役職を表す。

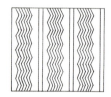
おれしま
折れ縞 折れ曲がった線を配してつくった縞模様。ここでは真っ直ぐの筋と合わせた。

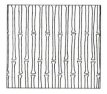
たけしま
竹縞 すっきり伸びる竹を棒に見立てた縞模様。竹の持つ意味から吉祥柄である。

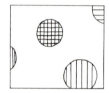
まるもん
丸文 水玉文様だが、丸を枠として様々な縞を表現した。自由な柄。

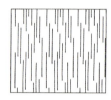
あめしま
雨縞 途切れた縞がリズムを生む軽さのある縞。雨期にはもちろん乾期に使うのも粋。

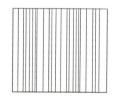
やたらじま
矢鱈縞 間隔や色の配列を不規則にし変化をつけた縞。残糸を活かすために生まれた。

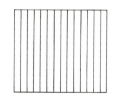
ぼうじま
棒縞 黒白の太い縦縞で江戸中期に流行った、表が黒、裏が棒縞の鯨帯(くじらおび)が発祥。

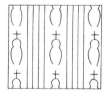
みつごろうしま
三津五郎縞 歌舞伎役者坂東三津五郎が家紋にちなみ愛用した。本来は三筋の縞である。

かまわぬ
鎌輪奴 「構わぬ」と読ませる洒落で江戸の町奴に一時流行した。現代にも使われる人気柄。

よこかたたきじま
横片滝縞 太い筋から細い筋へ変化する縦縞を並べたものを横に配した変形模様。

たてじま つばき
縦縞に椿 縞はひとつの柄としても、地紋としても人気があった。鮮やかな椿が縞で締まる。

たてじま きんぎょ
縦縞に金魚 こちらも地紋として用いたもの。縞が水のように見える。

たづな うま
手綱に馬 斜めの縞が手綱の縄目に見えるところから。意味の通う馬の柄を合わせて。

いちくず しま
一崩し縞 縦糸と横糸を網代模様に織り上げた縞模様。組む本数で二崩し、三崩しと変わる。

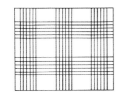
べんけいじま
弁慶縞 ほぼ同じ幅でつくる格子。古く歌舞伎で弁慶役が用いたことが由来とされるが未詳。

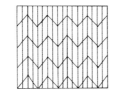
やがすり
矢絣 かすったような染めで矢を表した文様。縞のようにも見えることから紹介した。

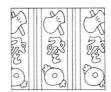
よきことをきく
斧琴菊 「良き事を聞く」の洒落で音羽屋の役者文様。横溝作品で犬神家の家宝としても。

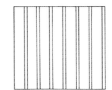
きんどおし
金通 縦2本がひと組で規則的に配される縦縞のこと。シンプルで粋。

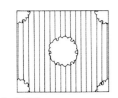
しま　せつりん
縞に雪輪 中に柄を収める枠としても多用された雪輪。中に花などの柄を配してもよい。

江戸時代から明治にかけて全国の農村では盛んに縞や格子が織られ、オリジナルの柄がたくさん生まれました。縞帳とは女性たちが織った布の切れ端を紙に貼った覚書のようなコレクションです。きっと見返すのも楽しかったことでしょう。

島から島へ

昔も今も人気の縞模様。経糸の配し方と緯糸の通し方で表現される「織」の技法で、シンプルな構造から多様な表現ができるため、実に多くの表現に出会うことができます。

私も大好きで、刺繍の布にもよく使います。色合わせと幅によっては無地と同じくらい扱いやすく、ラインが定規代わりになって切りやすいところも魅力。特に縦方向で使うのがいいのです。上から下、もしくはその逆に動きが出て、図案に新しいエネルギーが生まれます。横縞で使うと平穏なイメージになりますね。

中世の日本では、縦の縞を筋、横の縞を段と呼びました。縦縞の織物が本格的に輸入されるのは室町時代。やがて桃山から江戸期に東南アジアとの南方貿易が始まると、薄手で細密な高い技術の木綿織物が続々とやってきます。まだ厚手の木綿しかつくれなかった日本人はそれらを珍重しました。そのほとんどが筋や段、格子だったことから島ものと呼ばれ、後に縞の字を当てるようになりました。縞模様は、島から島へ渡って来たのですね。

江戸期の農村では女性たちが家族のために多くの自家製の縞を生み出しました。使える糸や色が限られた、名もない縞たちです。

一方、江戸の町では派手色を禁じられた町民が渋みの色同士を組み合わせ、粋を競い合いました。浮世絵では当時の素晴らしい縞の一部を見ることができます。歌舞伎役者も紋や名前の語呂合わせで絵解き文のような縞柄をつくり、話題になりました。

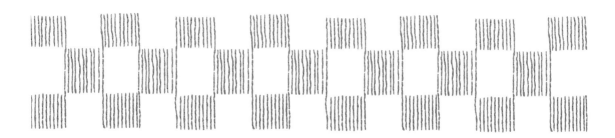

Semamori
背守り

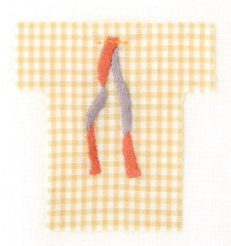

Darning
繕い方

Semamori
背守り

はなたば
花束 花束文をより現代的に。丁寧に束ねた花に、健やかに愛されるよう祈りを込めて。

きょうりゅう
恐竜 かつて地球の覇者だった巨大恐竜に、強さと繁栄の願いを込めて。散らし文にも。

ざくろ
柘榴 改心して子どもの守り神になった鬼子母神のシンボル。健康な成長を願う図案。

ひも
紐 長い紐を縫い付けた背守りは、井戸や囲炉裏に落ちた子を神様が引き上げやすいように。

ふくろう
梟 夜行性のため昔は不気味がられたが、現代では「福郎」「不苦労」として縁起物になっている。

うさぎ
兎 家紋の一つである「真向き兎」をより丸く、より愛らしくアレンジした。

ろっかくせい
六角星 日本では長く星を丸で表し、図案もほとんどない。星のように輝く美しい人生を。

ほくとしちせい
北斗七星 柄杓形の星座に「幸運をすくう」の意を込めて。古代日本人は星に興味がなかったよう。

子どもの健康と長寿を願い背中に施された背守りは戦前まで続いた愛情深い風習です。縫い目だけのもの、かわいいアップリケ等、諸種生まれましたが、ここではワンポイントのミニサイズでご提案します。背中にぽつりと控えめな魔除けを、大事な方のためにぜひ。

Darning
繕い方

ダーニング 伸縮生地に空いた穴を塞ぐのに向く。同系色でも、あえて鮮やかにしても。

うらあ
裏当て 空いた穴の裏から生地を当てて塞ぐ。刺繍した布を覗かせてもかわいい。

ジグザグ かぎ裂きなど細い裂け目を交互にすくって縫い合わせる。柄として生かしても。

アップリケ 穴やシミの上から布を縫い付ける。幾何学紋様と組み合わせてもおしゃれ。

ポケット 穴やシミの上にポケットをつくる。ポケットから図案が飛び出るようにしても。

布はかつて各家の女性が家仕事の合間につくる物でした。服に雑巾に寝具。幾らあってもよいものですが、つくるのは年に三、四反が限界。当然破れても繕って使い、「小豆三粒」包める布は接いで使いました。

もののいのち

「健康で幸せに長生きできるように」

今よりもずっと子どもが短命だった時代、母親は願いを込めて着物をつくりました。願掛けの針仕事では背守りが有名です。小さい子どもの服は接ぎ合わせる必要がなく、大人の着物のような背縫いがありません。縫い目は厄除になると考えられていたので、母親は小さな背中を守るため、シンプルなステッチから手の込んだ意匠まで様々なお守りを刺したのです。

布が貴重であったことと人々の徳にあやかることをかけ、周囲の人から貰い受けた百枚の布を接いでつくる「百徳きもの」も、金沢をはじめ各地に残っています。赤ちゃんはたくさんの柄と色とともに多くの人の心に包まれることになり、その子を地域で育てるという意識が自然に芽生える機会にもなったことでしょう。

家族の身体を包み、守る布。それはただの物ではなく、特に雪国ではいのちを守る第二の肌でした。布一つも植物から育て繊維をとり織り上げる。それも厳しい野良仕事の合間に、乏しい灯りのもと仕立てた時代です。布には必然と気持ちがこもり、ぼろになるまで大切に使いました。

自家製ができない針もとても貴重なものでした。それを表すのが、事八日の毎年2月8日に行われる針供養です（関西では12月8日）。これは一年働いてくれた針をお豆腐に刺して労う行事で、供養を行う神社やお寺には針塚があります。昔の布はとても繊維が強く固かったので、見送る時はせめて柔らかいものに刺してあげよう。そんな心根の純粋さと、人格化するほど道具を大切にしたゆかしさが伝わってきます。

日本には古代から付喪神（つくもがみ）というアニミズム的な俗信があり、無機物でも100年経つといのちを持つと考えられてきました。付喪は「九十九（つくも）」の意で、あと一年でいのちを持つとして道具を捨てると恨んで化けるという言い伝えがあり、室町時代にはまさに捨てた人間に復讐する器物の怪の絵巻物も存在します。針供養できちんとお経を上げるのも、一つは感謝の気持ちであり、一つは成仏して化けて出ないようにという思いがあるかもしれません。

背守りからも針供養からも、ものにはいのちがあるというメッセージを感じます。私の手から生まれるものはどうだろうか。時々静かに考えます。

[付喪神]
「物百年をへて精霊を得る」の言い伝え通り、いのちを持った器物の怪は図案としても人気があり、たくさんの絵巻にユーモラスな姿で描かれました。百鬼夜行絵巻から材を取ったお経を唱える法具の銅鑼と木魚です。

アニミズム　妖怪アルファベット・鳥獣戯画

page | 125-127

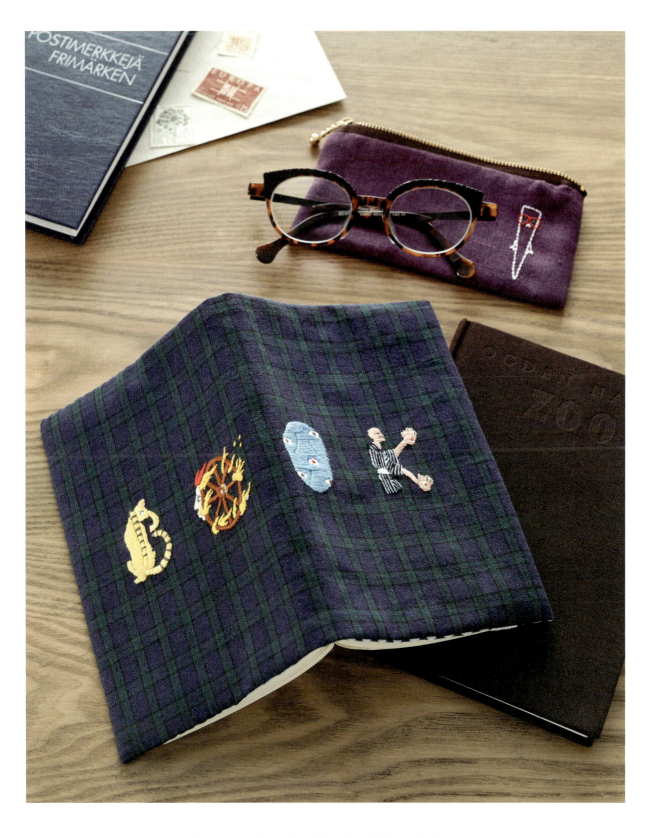

人のような姿態の妖怪や動物たちが、可笑しくて可愛くて。
すべてのものに魂があるって、なんて自由でおおらかなんでしょう。ポジティブなメッセージにぴったりです。

Yōkai Alphabet
妖怪アルファベット

Yōkai Alphabet

妖怪アルファベット

からかさ
唐傘 古傘が命を持ったもの。一つ目一本足で飛び回る。悪さは特にしない。

ねこまた
猫又 年を経て猫又になった猫は尾が二つに分かれ、怪異を起こしたり悪事を成す。

かまいたち
窮奇 鎌のような爪を持ったイタチ。川堤や辻に現れ、人の肌に傷を付ける。俊敏。

ぬっぺっぽう 肉の塊でただ歩き回る。ぷんと匂うことから屍の肉ともいわれるが、定かでない。

あかなめ
垢嘗 風呂場を掃除しないでいると垢を舐めに出る。それ以外の悪さはしない。

かっぱ
河童 相撲と、人や馬の胆が好き。水神の一種。同じく水神の牛頭天王には胡瓜を供える。

がしゃどくろ のたれ死にした人々の恨みが合体して、大きな骸骨になるという。思いの妖怪。

うみざとう
海座頭 船幽霊同様に航海中の船を沈めたり船員をさらったりする海の怪。

いったんもめん
一反木綿 道に出る怪。長い木綿のような姿で夜ひらひらと現れ、道行く人を襲うという。

にんぎょ
人魚 日本の人魚は半魚人のような姿で美女ではない。肉は不老長寿の霊薬とされる。

てのめ
手の目 金品を奪われ殺された目の見えない男(座頭)が、犯人探しに化けて出たもの。

ひでりがみ
魃 山に住む旱魃(かんばつ)の神で、現れると一滴も雨が降らなくなる。畏怖の対象。

しんきろう
蜃気楼 海の主の大蛤が気を吹き上げて虹や幻を見せる現象。蜃は大蛤、楼は楼閣のこと。

ろくろくび
飛頭蛮 首が抜けるものと首が伸びるものがあり、抜けるものは凶暴で人を襲う。

わにゅうどう
輪入道 これを見ると魂を抜かれる。家の出口に「此所 勝母の里」という札を貼るとよい。

ひとだま
人魂 火の玉のようにほんのり光るもので、これが体から抜けると死ぬ。

あやかし 何千メートルもある海の怪で、船を沈めたり油まみれにして漁師を悩ます。

ふたくちおんな
二口女 正面はしとやかな小食の美女だが、後ろにも口があり、髪で器用に食べ物を放り込む。

ゆきおんな
雪女 雪の晩、寝ている者に息を吹きかけ凍死させる。雪爺もいるが、これはただふざけるだけ。

かしゃ
火車 生前に悪事を成した人を迎えに来るといわれ、葬儀の時に大風雨を起こす。

どどめき
百々目鬼 盗み癖のある女の手に百(たくさんの意)の目ができた怪異から。

きゅうび きつね
九尾の狐 元は中国の神獣だったが、「封神演義」で悪女の化身として描かれイメージが定着。

ほねからかさ
骨傘 壊れた傘が魂を持ち、その骨を肢体のようにくねらせて動き出す怪。

じょろうぐも
絡新婦 怪を成す蜘蛛の伝承は多いが、中でも美しい女の姿で男を惑わす。

きょうこつ
狂骨 井戸に落ちて忘れられた白骨の怪。さみしさから井戸を使うものを祟る。

たいまつまる
松明丸 怪火とともに山をかける、鷹のような姿の妖怪。山に出る火の玉、天狗火の一種とも。

THANK YOU 河童、魃、山童(やまわろ)、唐傘、飛頭蛮、手の目、両頭蛇、百目、人魚。山童は、作業で足や目を傷めた鍛冶職人の姿を崇めたものとの説も。

HELLO 猫又、後神(うしろがみ)、雪女、狂骨、輪入道。後神は、後ろにいて守ってくれる神であり、前に進ませない臆病神でもある。陰陽どちらの性質も持つのが日本の神らしい。

妖怪とはなにか

妖怪を簡単に説明するなら「よくわからない現象」に名を付けたものといえるでしょう。凍死者が出れば雪女を疑い、金持ちの家には座敷童がいるといい、名を付けることで日々の疑問を飲み込みます。妖怪を出身地で分けると、土地の風土もわかるのです。

また日本には、万物に精霊が宿るとした八百万神信仰(やおよろずのかみ)があるので、自然物はもちろん、無機物を擬人的に受け止めるのも得意です。

細分的に名前を付けた結果、ただ小豆を磨ぐ妖怪、ただ撫でる妖怪、ただ現れる妖怪というものもいます。仕事を手伝ったり富をもたらすものもありますが、面白いのは、相手が良い人間かは関係ないということ。善とも悪ともつかないトリックスター的存在ですね。

博物学が大流行した18世紀以降は妖怪事典も多く生まれ、人間の感情(どうもこうも)や状況(いそがし)の妖怪も登場しました。

Chōjū-Giga
鳥獣戯画

12–13世紀から人気の擬人化動物に、日本の色を合わせてご紹介します。

● 南京藤（なんきんふじ）
江戸時代、中国や東南アジアから渡ってくる
珍しいものには「南京」を付けて呼んだ。

● 蟹鳥染（かにとりぞめ）
蟹鳥とは貴人の産着のこと。
練絹を薄縹に染め、目出たい絵柄を描いたとされる。

● 鴇色（ときいろ）
日本では一度絶滅した鴇が
飛ぶ時にだけ見える風切羽や尾羽の色。
かつては個体数が多く、大変身近な色だった。

● 乳白色（にゅうはくしょく）
搾りたての乳の色。乳製品を摂らなかった日本では
近代になって生まれた。

● 今様色（いまよういろ）
この「今」は平安のことで、
流行色は紅花染だったが、
濃いものは禁色なので薄く染めたもの。

● 猟虎色（らっこいろ）
ラッコの体毛色。実際の毛色とは少し異なる。
なんと江戸時代から登場する色名。

● 今紫（いまむらさき）
紫は古代の日本で最高位の色だった。
「今」は最新の、の意味で、江戸時代に流行した。
反対語は「古代紫」。

● 嫩黄色（どうこんしょく）
明るい黄色。「嫩」は若さ、弱さ、美しさを表す。

page | 118-119

白練 しろねり
清純無垢、潔白を表し、神事に使う神聖な色。
古代は天皇の袍の色とされた。

秘色 ひそく
青磁の中でも最高級の色。

照柿 てりがき
熟した柿の表皮の色。

藤納戸 ふじなんど
平安からの女性の流行色「藤色」に
江戸に流行した渋い「納戸色」を組み合わせたもの。

枇杷茶 びわちゃ
枇杷の実を茶がからせた渋い橙。

赤 あか
日本最古の色名の一つ。「明」が語源とされる。
血や、火の色から生まれた命そのものの色。

千種色 ちぐさいろ
江戸時代、丁稚などの奉公人や
庶民の日常着に使われた。
浅葱色の古着を薄い藍染で染め直した色。

桜色 さくらいろ
紅染の最薄色。平安時代に現れた色名。
ほんのり色づいた桜の色。

[すべての図案のライン]
石板色 せきばんいろ
粘板岩などの薄い板。スレート。
明治以降に登場。

麹塵 きくじん
麹のカビのような色。
天皇がケ(褻。平常着)に用いる袍の色。

半色 はたいろ
どっちつかずの色という意。
延喜式では染色の標準色から外されたが、
今に伝わる人気色。

水柿 みずがき
水色と柿色を染め重ねた色。優しく渋い赤。

紺瑠璃 こんるり
江戸の流行色。紺よりも輝くように見え、
高貴だとして人気があった。

青白磁 せいはくじ
白磁の一種で青緑みの白。

玉蜀黍色 とうもろこしいろ
灰や茶の色が全盛の渋好みの江戸期に大流行した、
明るい橙色。玉蜀黍は、16世紀にポルトガル人が
長崎に持ち込んだ。

浅葱色（あさぎいろ）
明るい青緑。江戸時代は野暮の代名詞で田舎侍がよく着ていたため、「浅葱裏」という陰口も生まれた。

黄丹（おうに）
禁色の筆頭。顔料の名称でもある。鮮やかな赤みの橙色。

槿花色（むくげいろ）
槿花のような明るく渋い紅。平安からある古い色。

蝋色（ろういろ）
ろうそくに用いられる油脂の色。病人や死人の顔色を表すこともある。
※「ろいろ」と読むと深く渋い漆塗りの黒を指す

海緑色（かいりょくしょく）
冷たさのある暗く深い海の色。

露草色（つゆくさいろ）
日本の夏の野草、露草の花のような明るい青紫の色。

女郎花色（おみなえしいろ）
秋の七草の一つ、女郎花のような爽やかで涼しげな黄色のこと。

Tools & Materials
刺繍の道具と材料

①ピンクッション、まち針：針は安全のためピンクッションに戻します。写真は飾りまち針。使うなら頭の丸いものが便利です。

②フランス刺繍針、クロスステッチ針：本書ではほぼすべてに7号刺繍針を使用。ダーニング・ステッチなどにはクロスステッチ針を使います。

③指ぬき：運針をする時に使います。

④糸通し：太い刺繍糸でも糸が通しやすい専用の糸通しです。

⑤糸切りばさみ：手に合うサイズと切りやすさで選びましょう。

⑥カラー刺繍枠10cm、刺繍枠8cm：一つ持つなら塗りがなく（無垢なので手汗を吸う）ゴム付きのものが便利。
大きさは手のサイズに合わせ8〜12cmくらいのものを。

⑦チャコペン鉛筆タイプ：水で消えるペン。表に透けにくいので布を切る時の印つけに向きます。

⑧チャコペンペンタイプ：水で消えるペン。細書きで図案を描き足すのに便利。チャコペーパー式会社の青を使用（下ろしたては滲むので注意）。

⑨トレーサー（鉄筆）：図案をなぞって転写する道具。この形状が描きやすくておすすめ。削って細くできる骨筆も使いやすいです。

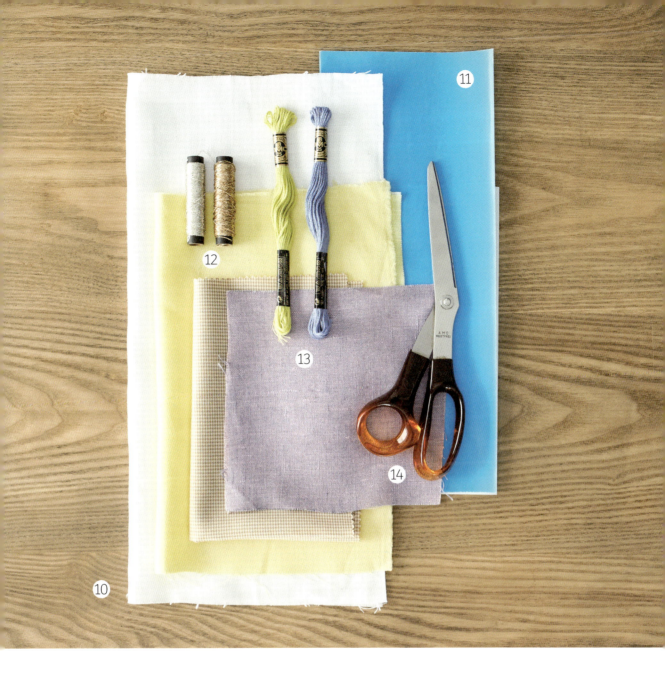

⑩ 布：最初は図案が写しやすく目が動きにくい布（目の詰まった綿や綿麻等）を使うと刺しやすいです。淡い柄物に刺繍してもかわいい。布選びは難しいので、試しながら経験を積みましょう。

⑪ チャコペーパー＊：水で消える転写紙。クロバーの青と白とグレー、ルシアンの赤を布色と布質に合わせて使い分けることが多いです。布との相性で落ちないことがあるので必ず確かめて。

⑫ にしきいと＊：京都の和装に使われた技法でつくられた美しいラメ糸。短めに使うとほつれにくくなります。

⑬ 25番刺繍糸＊：たくさんの色が揃っている基本の刺繍糸。6本が束になっています。表現したいものに合わせて本取りを変えます。

⑭ 布切りばさみ：大きく布を切る時に。小物をつくる時は細部を出せるカットワークばさみが便利です。

提供：●クロバー株式会社／●株式会社ルシアン／●ディー・エム・シー株式会社

Basic stitch

基本のステッチ

本書で使用している10種類の基本的なステッチと、
縫い物に活かせる3つのステッチを紹介します。

※すべての写真は刺繍枠を持つ方向で撮影しています。
※すべてのステッチは刺し終わりに玉留めをするか、裏側のステッチに糸をからげて始末をしたあと糸を切ります。
※芯入りサテン・ステッチは、ストレート・ステッチを刺した上から細かくサテン・ステッチを刺します。

Straight stitch
ストレート・ステッチ　　　すべてのステッチの基本となる、真っ直ぐなステッチです。

  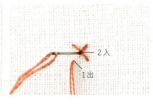 

1から針を出して2に入れる｜まっすぐな線をつくり、後ろで糸を留めて完成｜動物の口などは、4本のストレート・ステッチで刺すときれい｜すべてのステッチは中心の同じ穴に入れる

Back stitch
バック・ステッチ　　　同じ長さのストレート・ステッチを返しながら並べたラインステッチです。

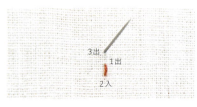  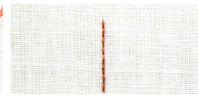

一針進んだところから始め、2で図案のスタート位置に戻る。4は1と同じ穴に入れる｜これを繰り返す｜ぽつぽつとした針目が手仕事らしいラインが完成

Outline stitch
アウトライン・ステッチ　　　半分ずつ重なったラインステッチ。流麗な線が特徴です。

1と2の半針分に3で針を戻し、4で一針進む。同じ線上に出すためすくいながら｜糸が重なる側が同じになるように繰り返す。曲線を描く場合は外側に重ねると美しい｜針目の大きさを揃えて刺し進める

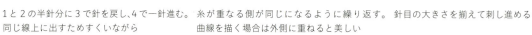

Satin stitch
サテン・ステッチ

面を埋めるステッチ。ストレート・ステッチを平行に、重ならないよう並べていきます。

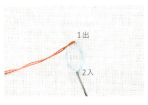 

1から針を出して2に入れる（左右対称の形は対角の長い中央から）

1のすぐ横に針を出し、最初のステッチと平行に埋めていく

もう半分も刺し埋めて完成

左右非対称の形は左から右*にステッチを進めると仕上がりがきれい
＊左利きの人は逆に進める

Long and short stitch
ロングアンドショート・ステッチ

広い面を埋めるためのステッチ。動物の毛並みなど変化をつけたい時は長短をつけて。

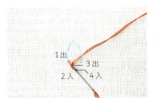   

輪郭に沿ってステッチを入れ、次のステッチは最初の半針分の短さに

長い針目と短い針目を交互に並べ、一段目をつくる

二段目からは長い針目で。一段目の糸の上から刺すと馴染みやすい

同じ針目が入らなくなったら、輪郭に沿って足りない部分を埋める

French knot stitch
フレンチノット・ステッチ

丸い玉のステッチ。中心に糸が通るため、きれいな円形が表現できます。

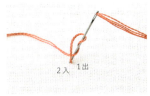   

出した針に必要な回数糸を巻き、同じ穴（またはごく近く）に入れる

きれいな円形になるよう、矢印の方向に糸を引いてたるみを絞る

針を布の裏側に抜く

複数刺して水玉にしたり、塊をつくってミモザのようにしても

Chain stitch
チェーン・ステッチ

鎖のようなステッチ。しっかりした線をつくる時や面を埋める時にも使えます。

  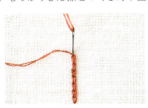 

1と2は同じ穴に刺し、糸の輪をかけるように3に出す

3と4を同じ穴に刺し手順を繰り返す。糸は強く引かない

終わりは小さなステッチで輪を留める

完成

Lazy daisy stitch
レゼーデージー・ステッチ　　花びらのようなステッチ。虫の羽根や葉っぱなどにも使えます。

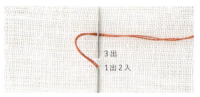  

1と2は同じ穴に刺し、糸の輪をかけるように3に出す。糸は強く引かない　　小さなステッチで輪を留めて完成　　放射線状に刺繍すると、簡単な花の表現に

Open lazy daisy stitch
オープンレゼーデージー・ステッチ　　レゼーデージー・ステッチを開いたもの。半円形を表現できます。

1と2のちょうど中心から垂直あたりの3に出し、糸の輪をかける。糸は強く引かない　　小さなステッチで輪を留めて完成　　このステッチを上下につくると円形に。本書では目の表現に使用

Running stitch
ランニング・ステッチ　　長さの同じストレート・ステッチを等間隔に刺します。本書では刺し子で使用。

1出し2入れを繰り返す。できれば2、3針同時にすくい進めていくとよい（指ぬきを使う）　　ステッチとステッチの間は、ステッチ幅よりもやや短いくらいがよい　　糸の角度を揃えて、きれいに

Darning stitch
ダーニング・ステッチ　　クロスステッチ針を使った織り。靴下など伸縮する素材をかがるのに向いています。

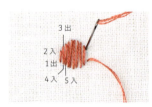  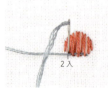 

まずストレートステッチで縦糸を渡す。裏に糸を渡さないよう注意　　次に横糸。1出ししたら縦糸を交互にすくいながら水平に渡す　　端まで進めたところで布に2入れする　　次の段は前の段とすくいが逆（互い違い）になるようにする

Buttonhole stitch
ボタンホール・ステッチ　布端のほつれを押さえてかがることのできるステッチ。飾りとしても使用できます。

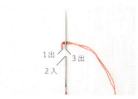 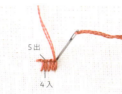 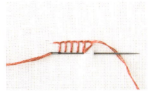 

1出し2入れでできた糸の輪を3にかけ、逆L字をつくる*
＊ほつれを止めたい場合はステッチ幅を狭く

これを繰り返し、終わりは小さなステッチで逆L字を止める

幅を大きく刺して*飾りにしても
＊この場合ブランケット・ステッチと呼ぶ

曲がる時は1点を共有しながら。幅を狭く刺す時も同様に

Open buttonhole filling
オープンボタンホール・フィリング　バック・ステッチやチェーン・ステッチの輪郭をクロスステッチ針ですくっていきます。
※このステッチに入る前に、バック・ステッチで両端のステッチが同じ数になるように輪郭を刺しておく。

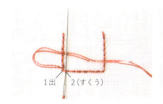   

1に出し、2で左底のステッチをすくい、できた輪を針にかける*
＊1以外布は刺さない

底のバック・ステッチをすくいながらボタンホールステッチを続ける

端まで来たらaに糸を巻き、1段目をすくいながら逆向きに繰り返す

段ができるごとにくるりと巻き、一番上まで繰り返す*
＊糸終わりはすぐ近くの布に刺す

はじめる前に

[糸の扱い方]　25番刺繍糸は使いやすい長さに用意しておくと便利。必要な本数を抜いて使うことで*保存状態もよくなります。

糸を解き2→2→3と等分して、外した2つのラベルを束の中央に通す

中央で2等分し、輪になっている糸端を切る

適当に分け、ゆるめの三つ編みにする
＊糸を抜く時はラベルをしっかりと持ち、針頭で一本ずつ引き出して使う

[図案の写し方]　はっきりと線が見えるように写すのが、きれいに刺繍するコツ。筆圧が弱い人はチャコペンで薄い部分を描き足しましょう。

布、チャコペーパー、図案の順に重ね、まち針を打って固定する

図案の上から鉄筆でなぞる

一筆目で図案が写っているか確認をし、力加減を調整する

写し終わったら、刺繍枠をはめる*
＊刺繍枠は糸が垂れる方向にネジが来ないよう、刺しはじめを考えてはめる

刺繍し終わったら、霧吹きで濡らすか水洗いをして下絵を消し、裏からアイロンをかけます。表からかける場合は当て布をしてください。

How to make
図案とつくり方

・拡大率の指定がない図案はすべて実物大です。作品の通りに刺繍したい場合は100％で使用してください。
・「S」は「ステッチ」の略、〈 〉内の数字は使用する糸の本数です。
・ラメ糸を除き、色番号はすべて「DMC25番刺繍糸」です。
・ラメ糸はルシアン「にしきいと」を使用しています。
・「BL」は25番刺繍糸のBLANC（白）を指します。
・フレンチノットSの「×1」は1回巻き（巻く回数）を表します。
・「芯入りサテンS」はストレートSを刺した上から細かくサテンSを刺します（バリオンSを使ってもよい）。

cover

200％ 拡大して使用

414〈3〉バックS
721〈1〉バックS

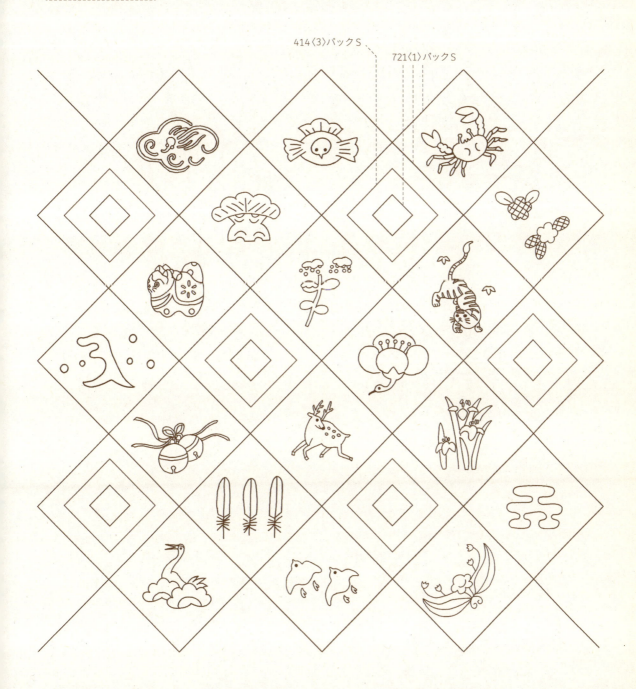

カバー*の図案です。たくさんの図案を大きな面に並べると可愛いですね。
本書の図案は、ワンポイントで刺繍するのも、組み合わせて刺繍するのもお好みで。
次頁以降の指定を参考に、図案の向きやステッチなど、自由にアレンジしてみてください。
*布は株式会社ルシアンの麻地クラッシュ シルバーグレーを使用

Spring 春の紋様

複数の花を使って、春爛漫の散らし柄をつくっても。
春らしい色合わせのグラデーション糸を使っても楽しい。

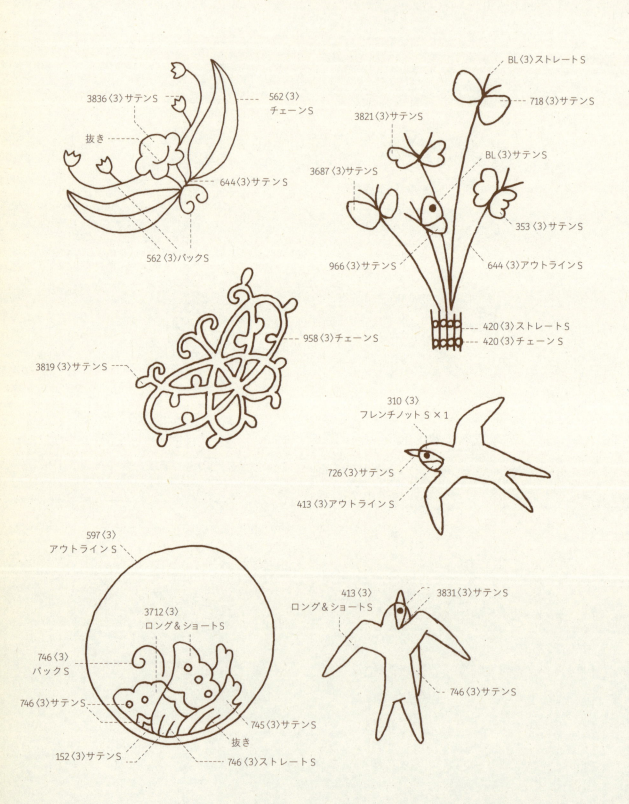

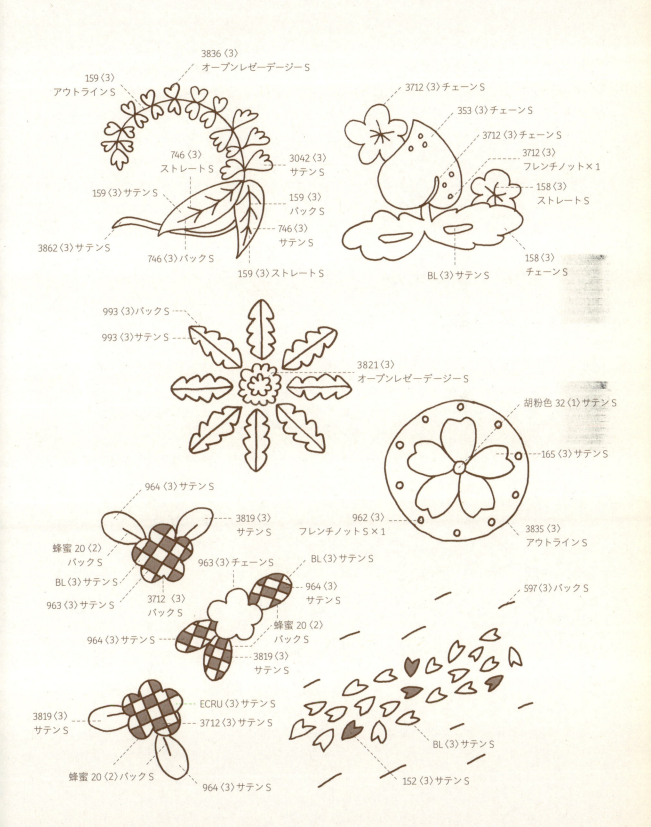

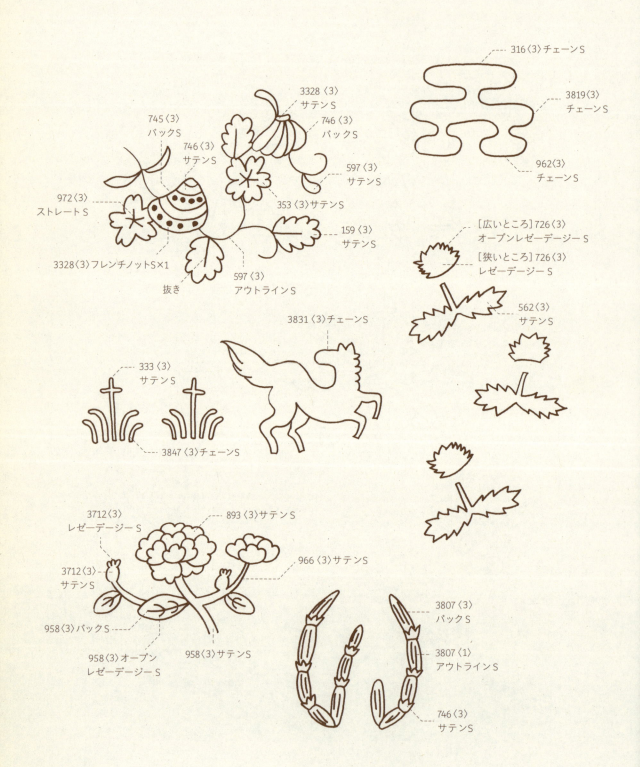

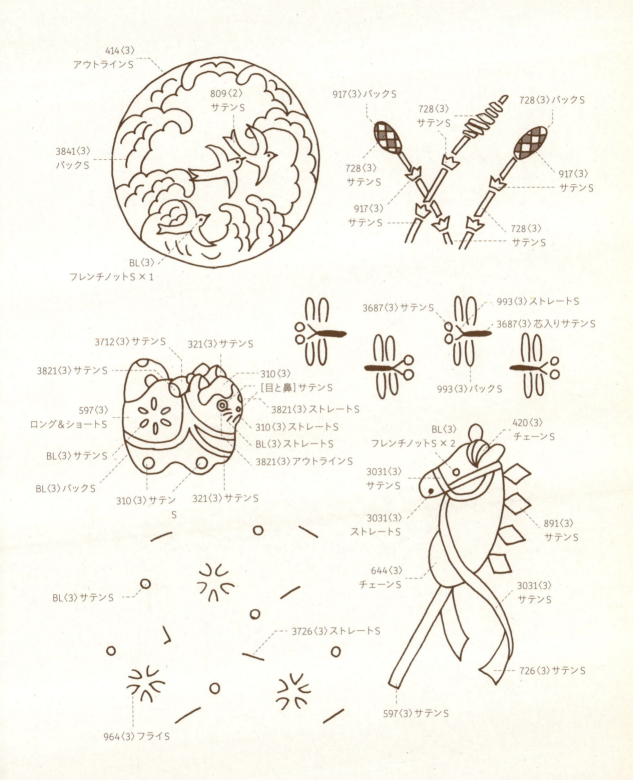

Summer 夏の紋様

青海波に魚、蝙蝠に雷などを組み合わせ、風景のようにしてもよい。
蚊の図案を布一面に敷き詰めるといった使い方も。

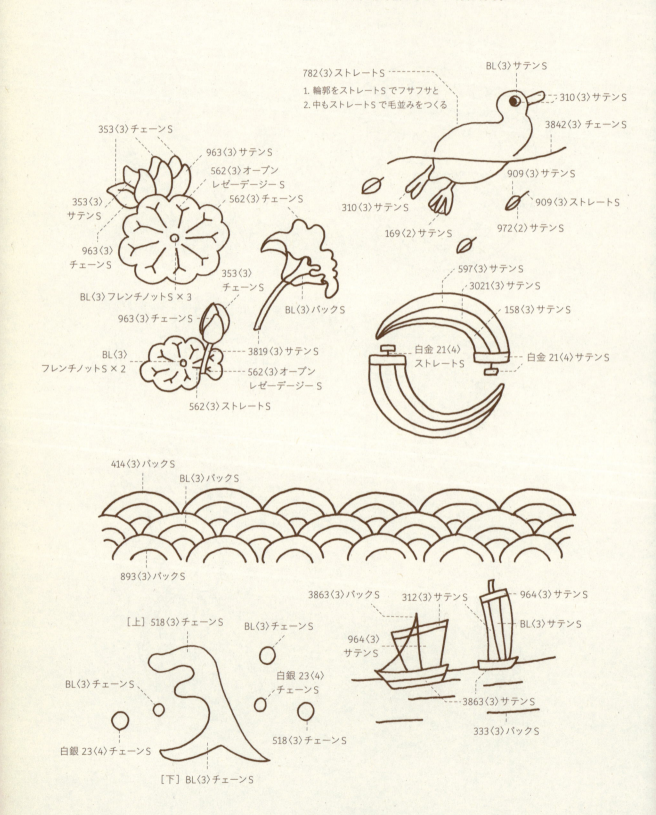

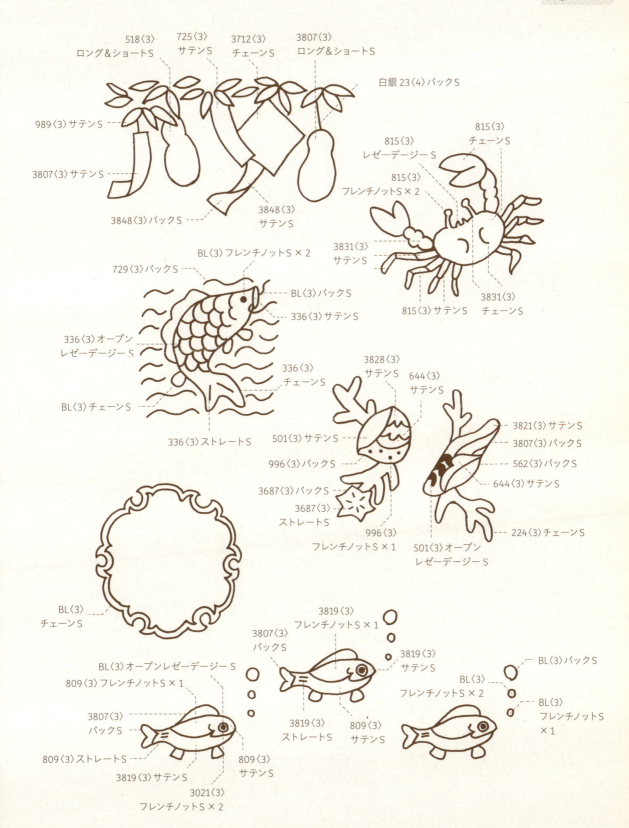

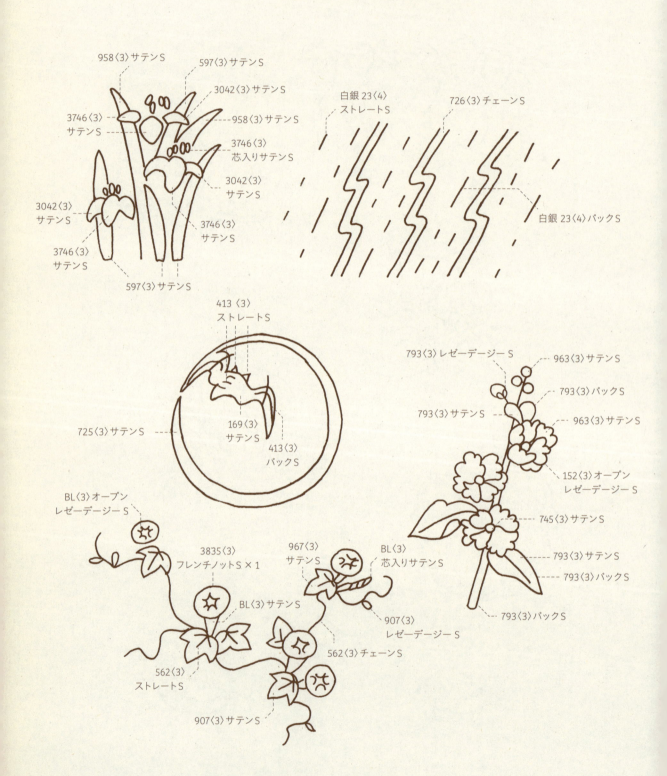

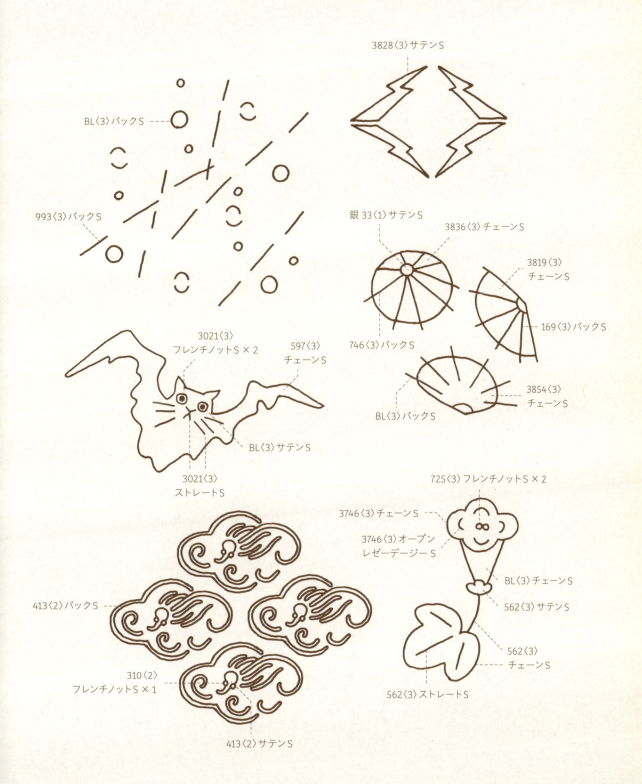

Autumn 秋の紋様

淡い色が好きな人も秋の図案は枯れたようなこっくりした深みの色を試すチャンス。新しい色を使ってみよう。

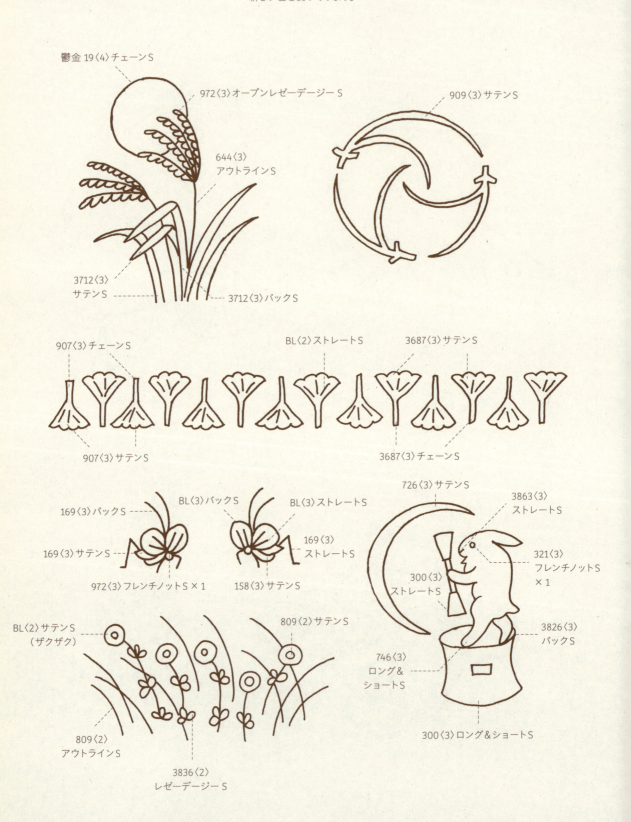

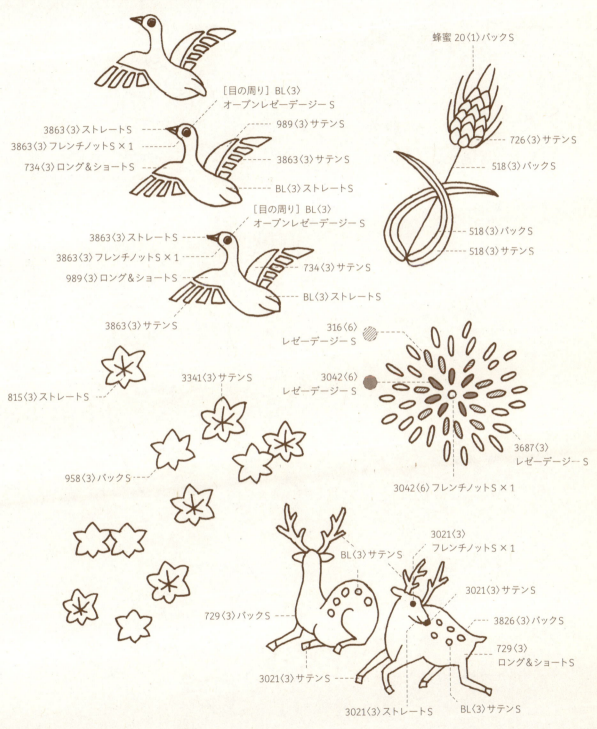

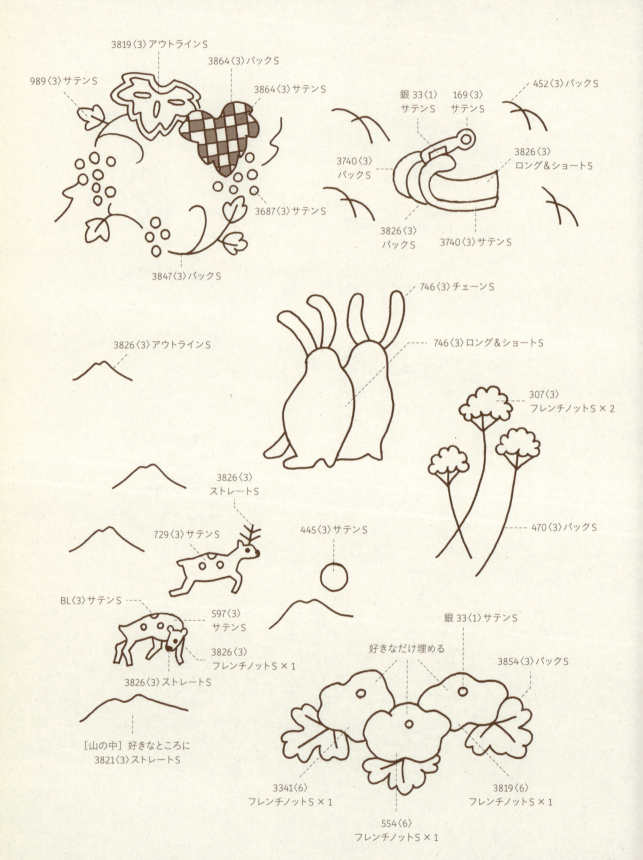

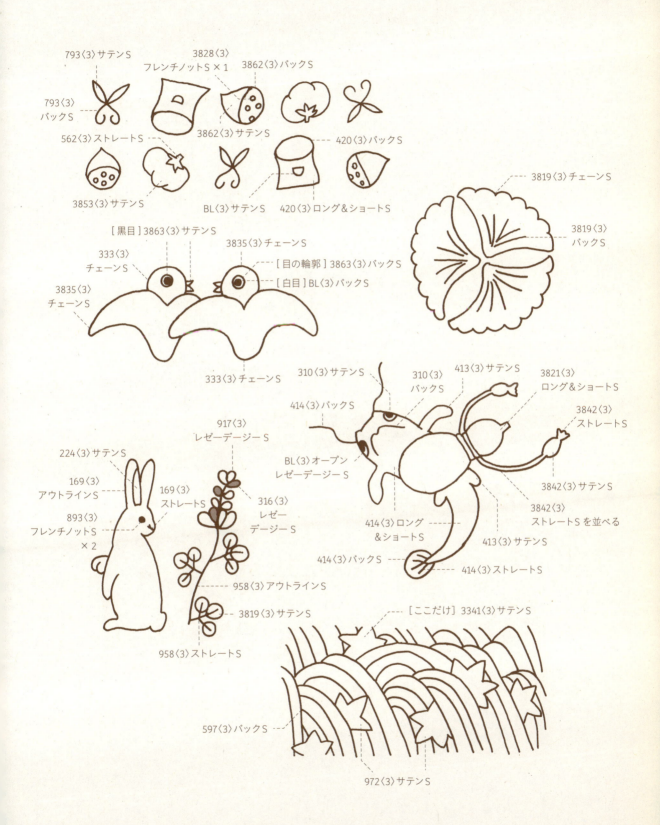

Winter 冬の紋様

雪などの淡い表現を白い布に刺すのも控えめで清楚に仕上がる。
梅鉢は散らし柄にするとかわいい。

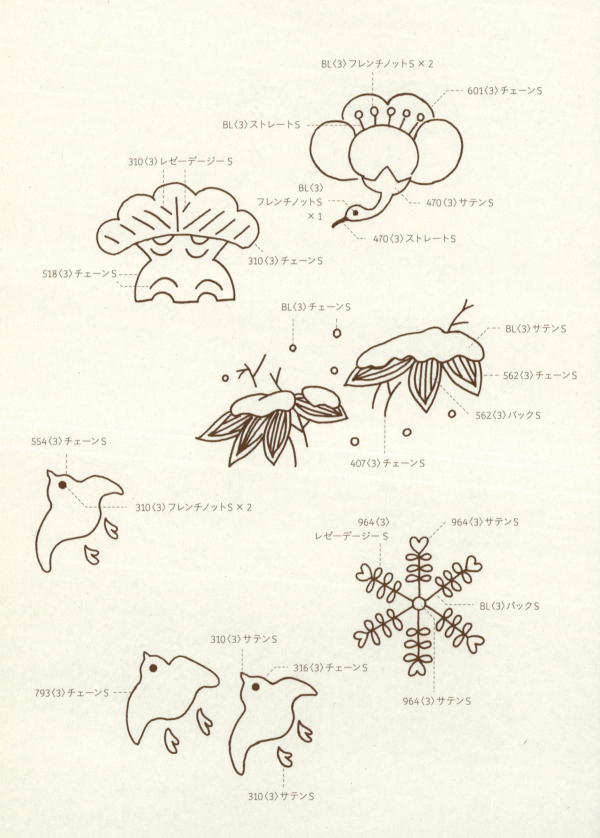

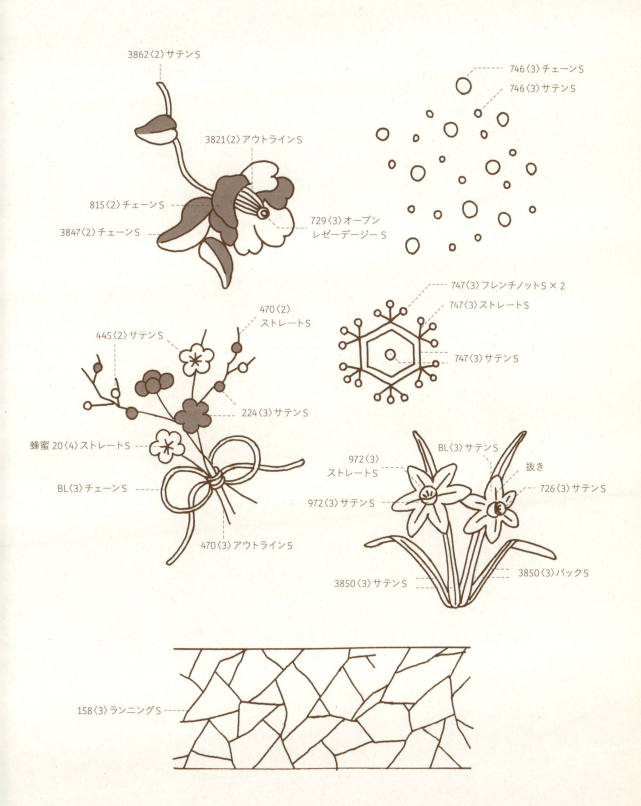

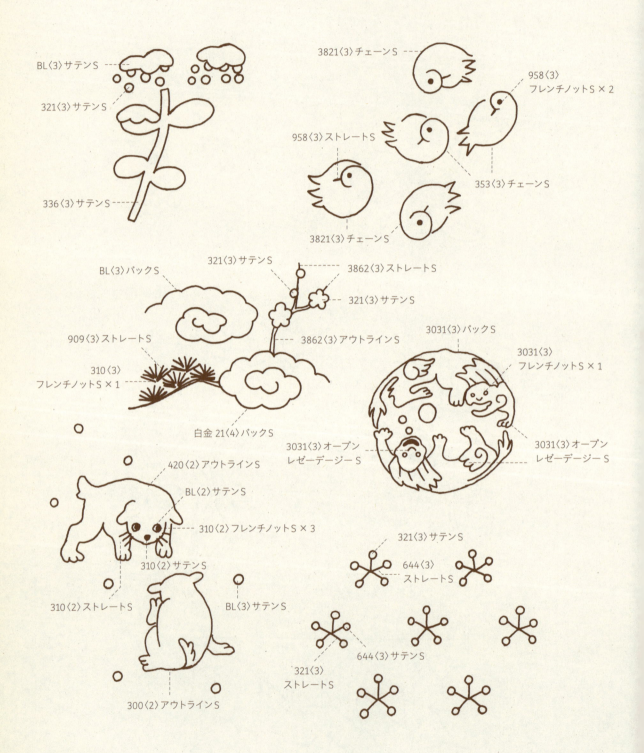

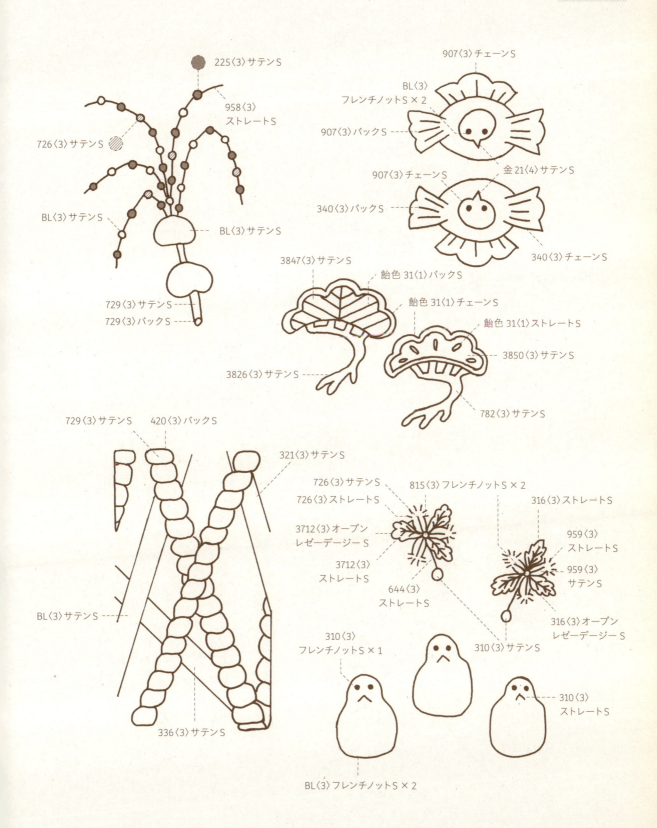

Lucky charm 吉祥紋

ハンカチに刺繍をして晴れの日のご祝儀包みにすると喜ばれる。
金銀の糸の割合を増やすとよりめでたく。

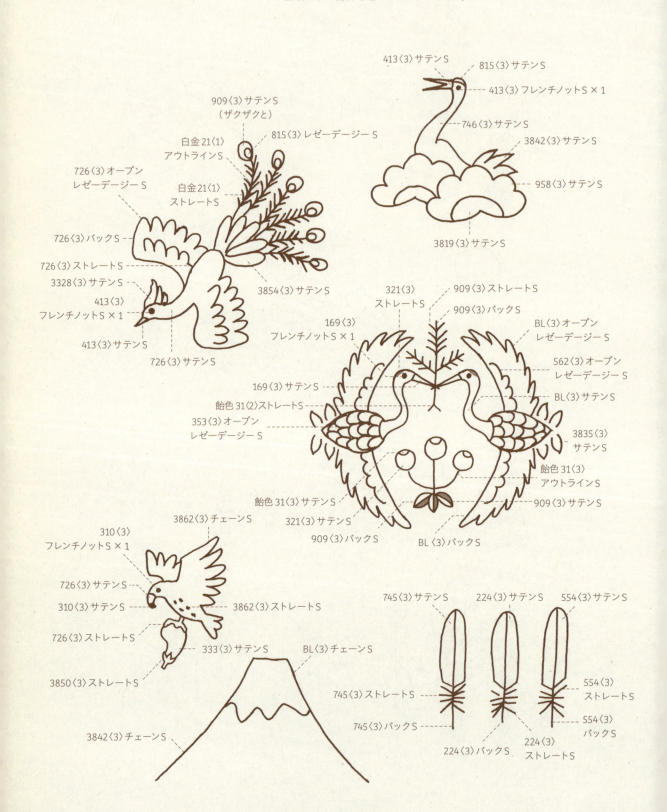

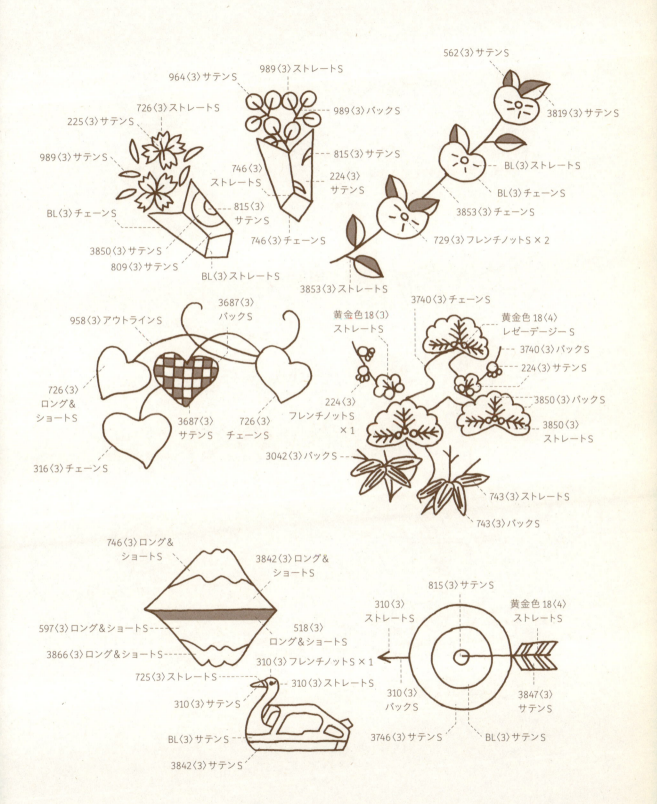

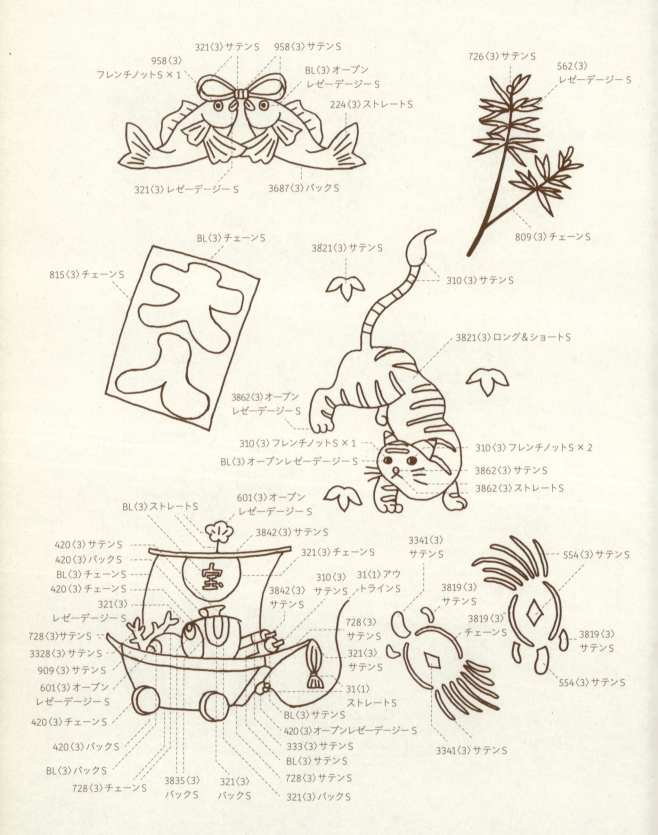

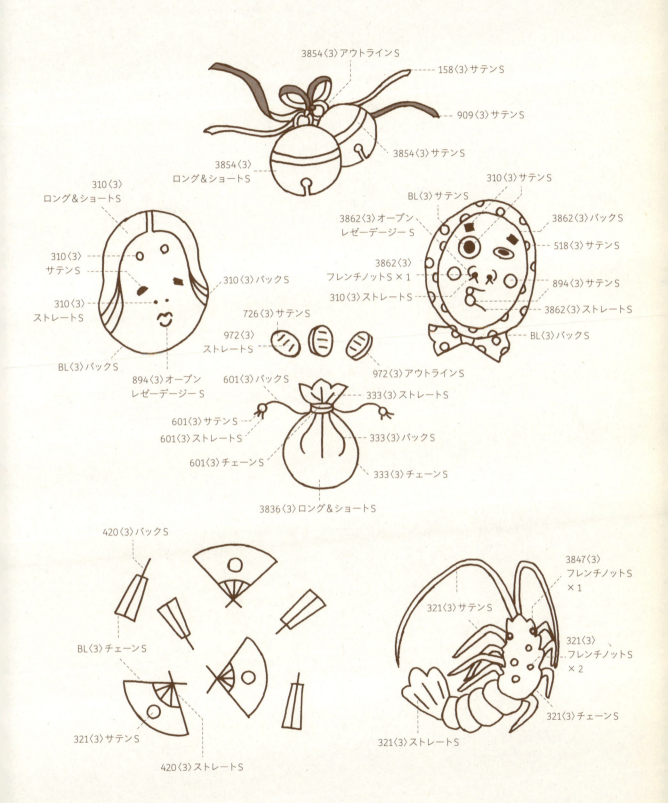

Twelve zodiac signs 十二支

数字を取って線を描き足し、動物単体で使うのもおすすめ。
刺繍したものをスキャンして年賀状の素材にしても。

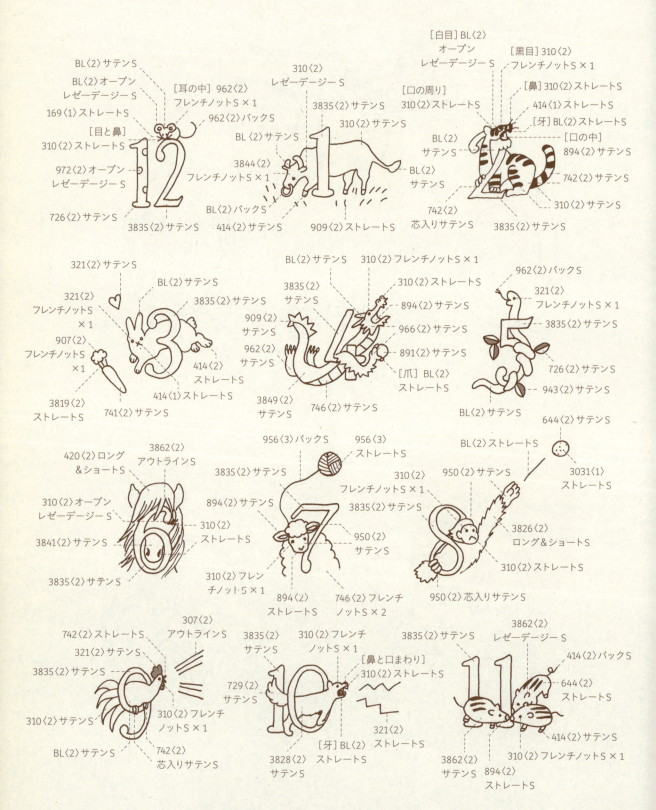

Oriental zodiac signs 世界の十二支

page | 40-41

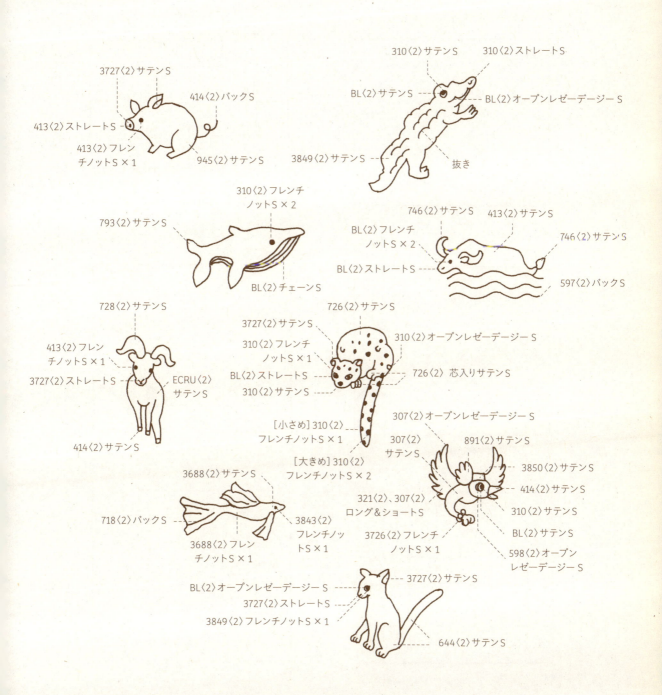

Sashiko 刺し子

つくりたい物のサイズや縮尺に合わせ、コンパスや定規を使って方眼紙に図案を書く刺し子。
書きやすい図案からチャレンジしよう。

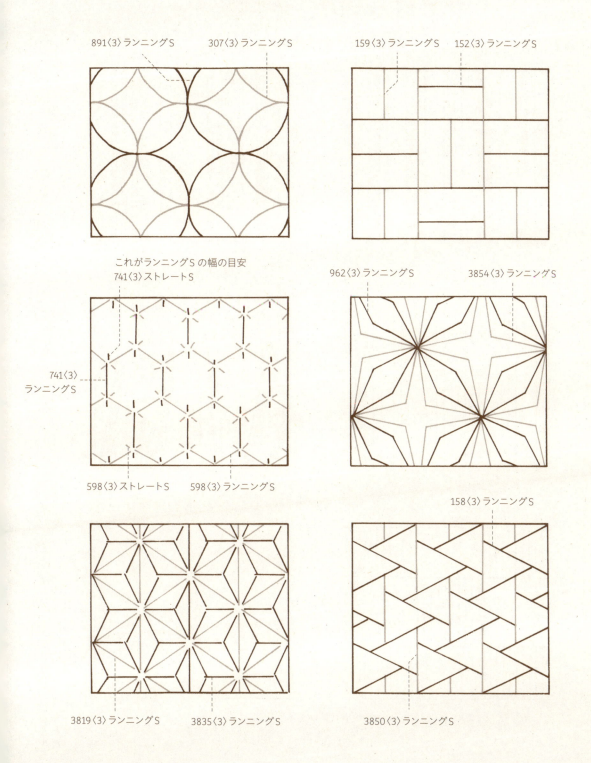

Stripes 縞帳

テキスタイルの縞は主に織物や染めで表現されるが、刺繍で表現すればよりスペシャルな一品に。一面に刺してポーチやバッグに仕立てるのもよい。

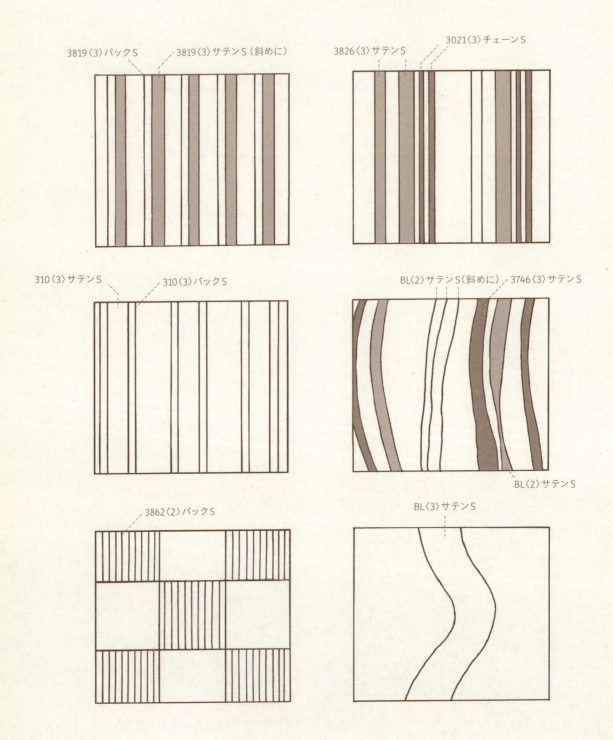

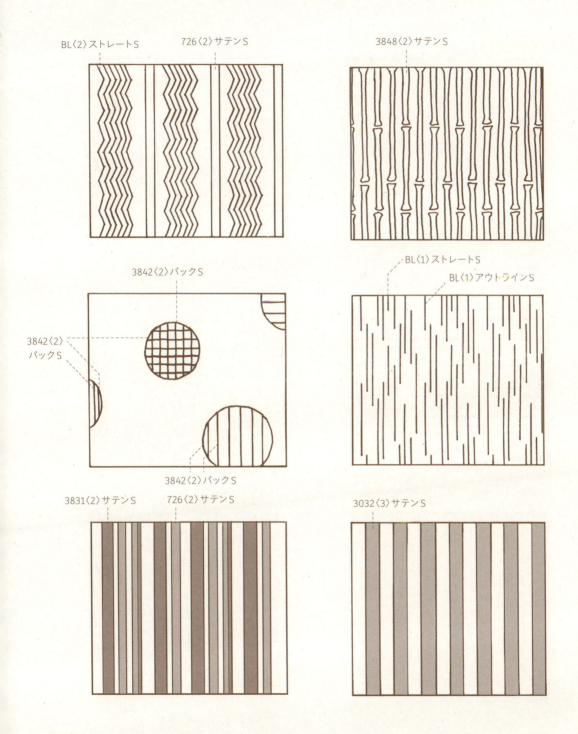

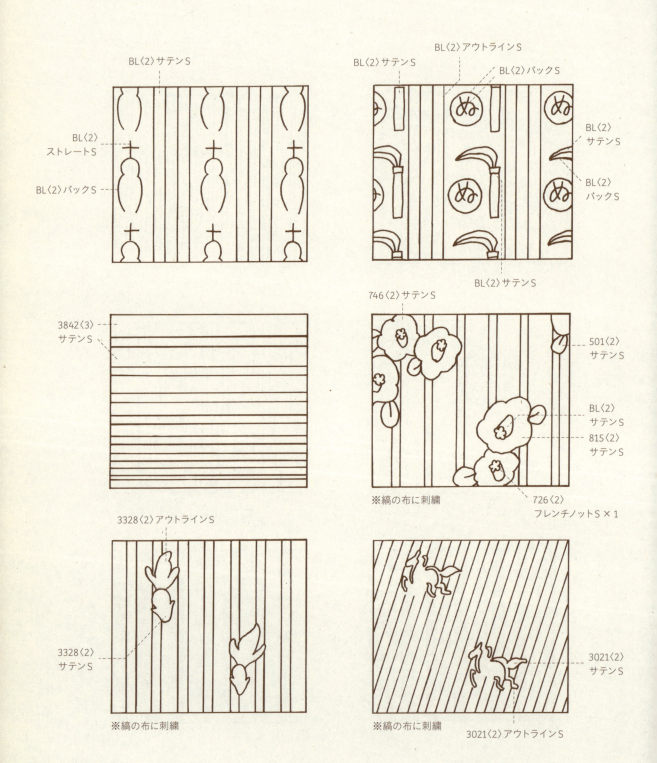

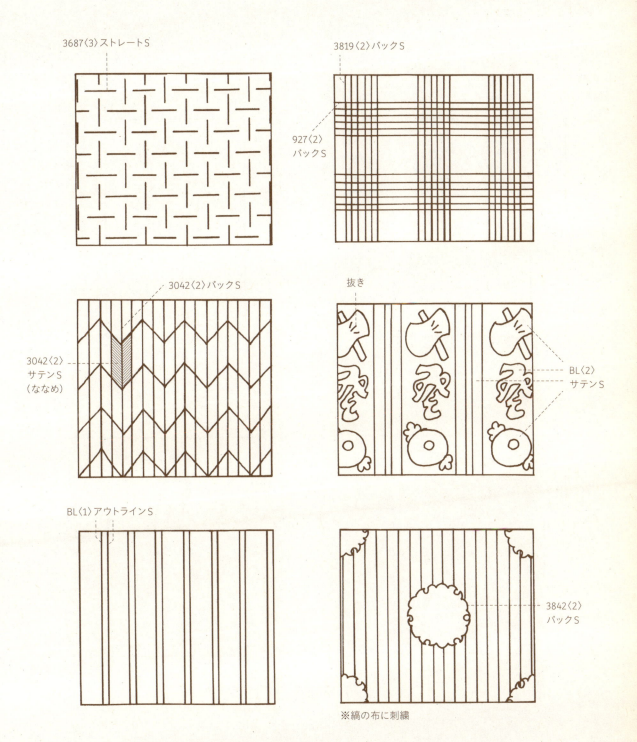

Semamori 背守り

子供服の襟足に、このサイズはちょうどかわいい。
好みで引き延ばしたり、同じ柄を3つ並べても。

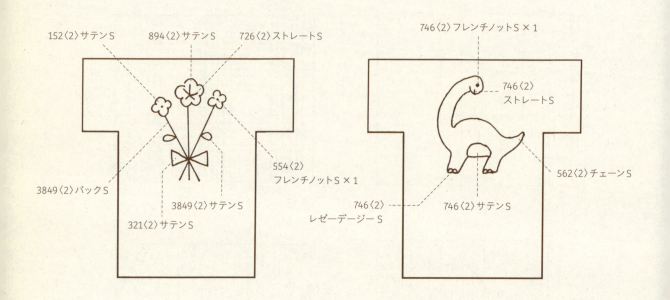
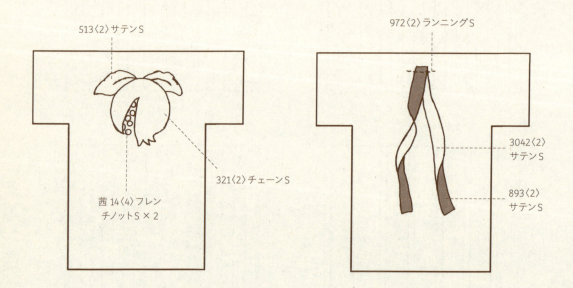

page | 56-57

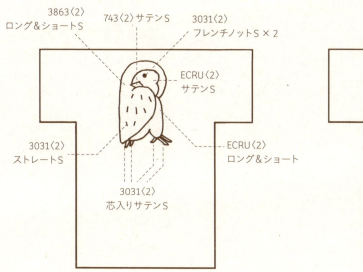
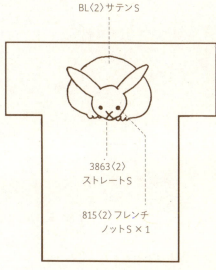
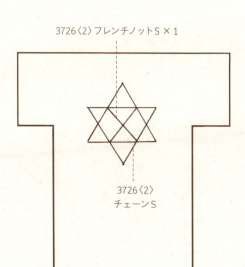
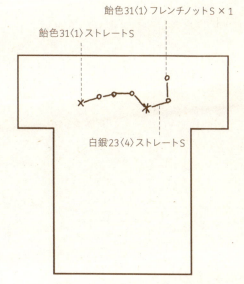

Darning 繕い方

page | 58-59

破れ目やシミによってサイズや形が変わるのが繕いの面白さ。
自由な感性で布を生まれ変わらせて。

1. 靴下や伸縮する素材を繕う：
   ダーニングSで穴を塞いだ上から刺繍しても。

   340〈6〉ダーニングS
   562〈6〉ダーニングS
   ※page.58の円形のダーニングSは、[縦]728〈6〉、[横]BL〈6〉

   413〈2〉サテンS
   3341〈2〉オープンレゼーデージーS
   413〈2〉フレンチノットS×1
   3328〈2〉サテンS
   3341〈2〉ストレートS
   BL〈2〉アウトラインS
   597〈2〉フレンチノットS×1
   3864〈2〉サテンS
   413〈2〉ストレートS
   413〈1〉ストレートS
   BL〈2〉サテンS

2. 裏から布をあてる：
   刺繍した布をあてがっても。

   3864〈2〉ボタンホールS
   ※page.123 参照

3. 裂け目を縫い縮める：
   塞いだ横にモチーフを足しても。

   3849〈3〉バックS
   ※page.82 参照

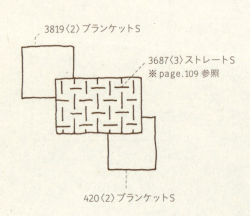

4. パッチワークをする：
   パッチワークをする布に刺繍を施しても。

   3819〈2〉ブランケットS
   3687〈3〉ストレートS
   ※page.109 参照
   420〈2〉ブランケットS

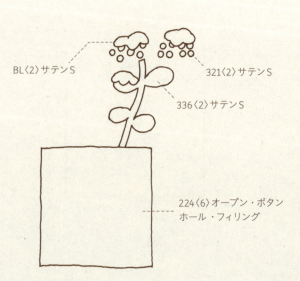

   BL〈2〉サテンS
   321〈2〉サテンS
   336〈2〉サテンS
   224〈6〉オープン・ボタンホール・フィリング

5. ポケットをつくる：
   ポケットからモチーフを覗かせても。

Yōkai Alphabet　妖怪アルファベット

page | 64-65

メッセージやイニシャルを刺繍しておかしみのある贈り物に。
輪郭をバックSで一色刺繍するとキリッとした印象に仕上がる。

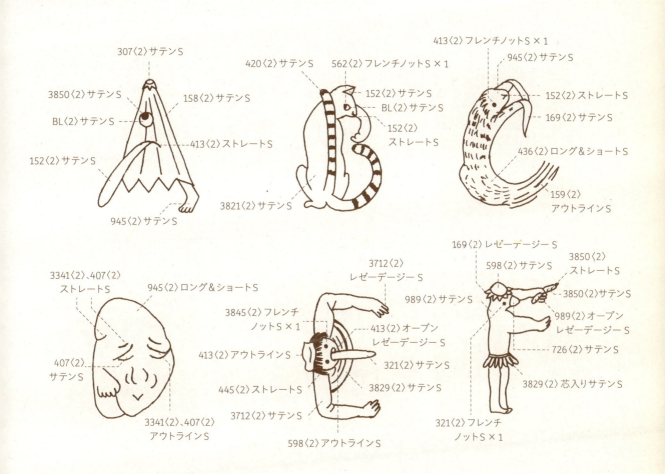

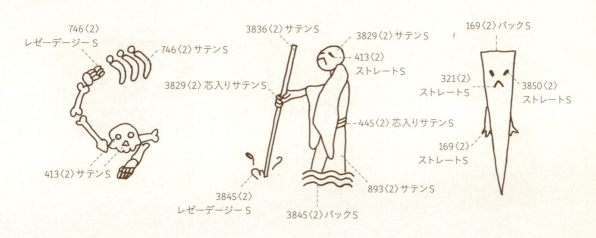

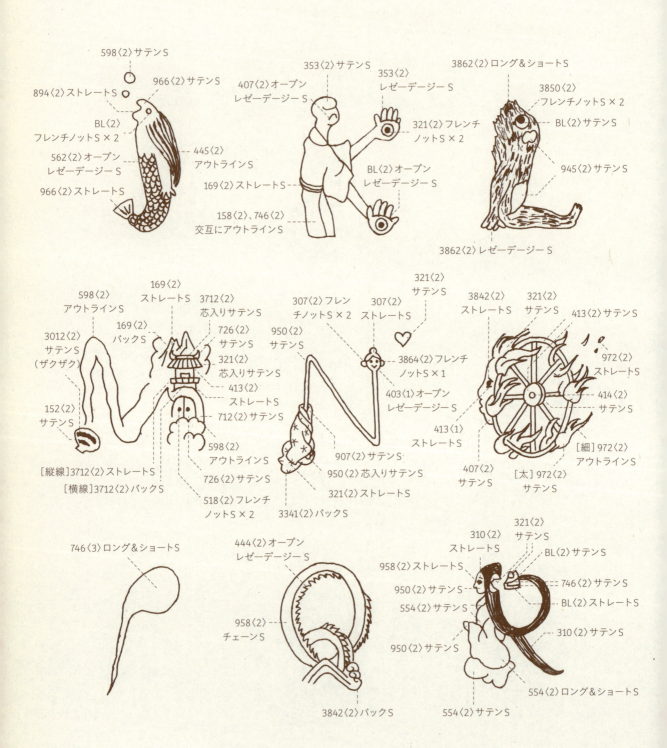

page | 64-65

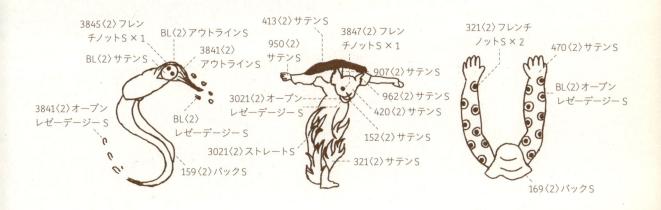

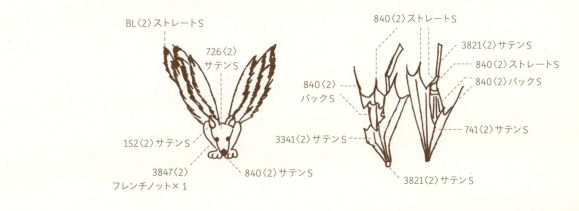

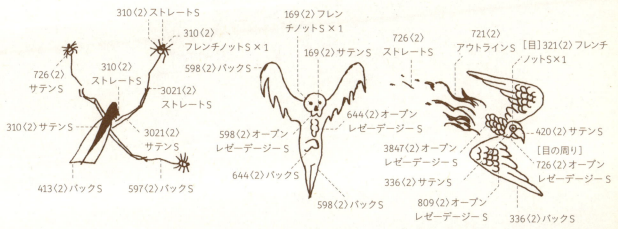

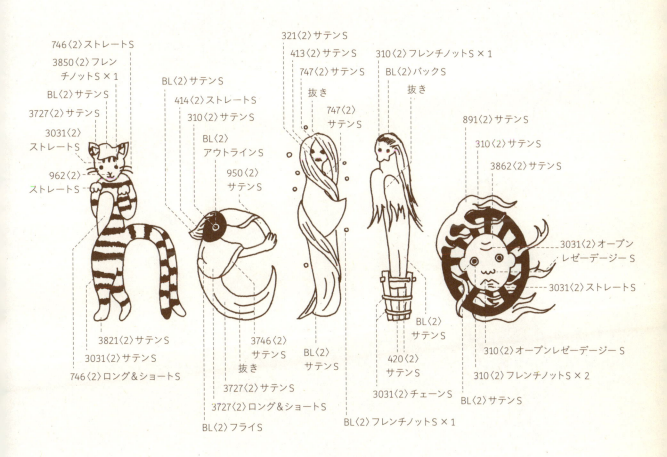

Chōjū-Giga 鳥獣戯画

バックSで輪郭を刺繍し、その中をラフに埋めていく刺し方の提案。
サテンSやストレートSなどを使い、塗り絵のように自由に色を乗せよう。

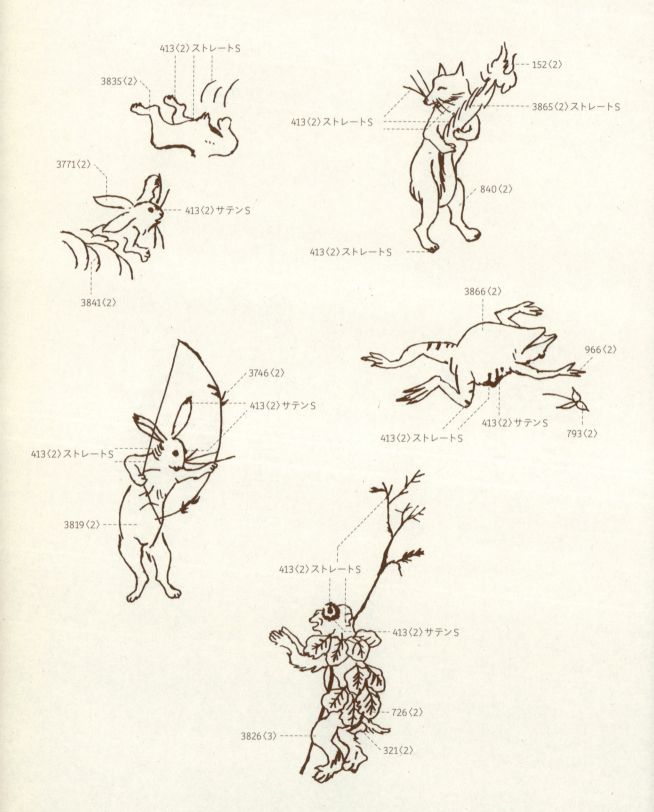

ラインはすべて 413〈3〉バックS

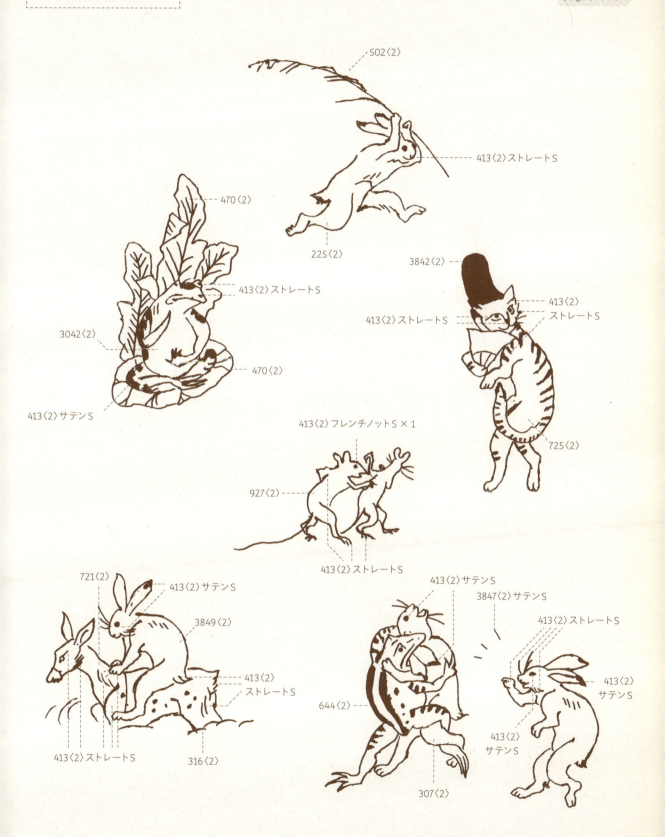

作例のつくり方 | 季節の愉しみ

○エプロン 図案a

好みのエプロンに刺繍をします。生地が薄い場合は、刺繍する裏に接着芯を貼ってから図案を写します。

○バゲットリネン 図案b

バゲットを包めるくらいのリネンを用意し、好みの場所に刺繍をします。

○コースター

好みのコースターに刺繍をします。刺繍した布を端処理して使用しても。

○カード

好きな図案を刺繍したものをスキャンし、印刷してカードにします。

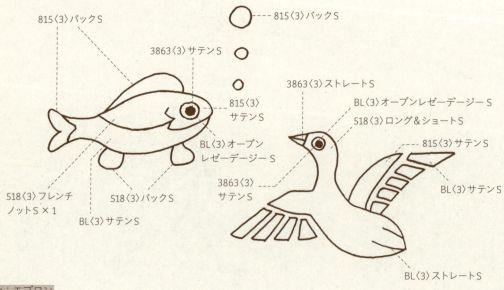

図案a：エプロン

125％拡大して使用

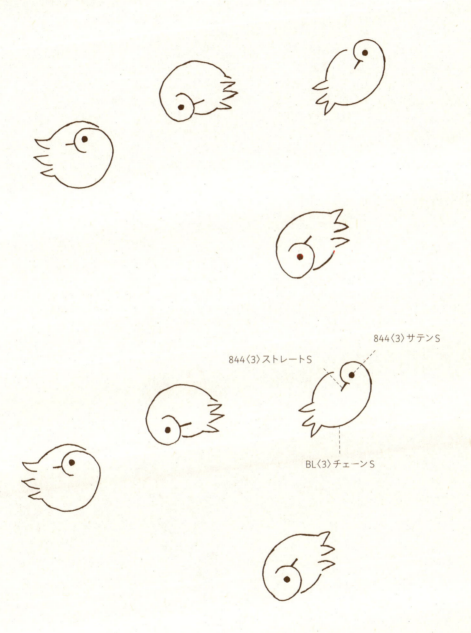

844〈3〉サテンS
844〈3〉ストレートS
BL〈3〉チェーンS

図案b：バゲットリネン

作例のつくり方｜晴れやかな兆し

○風呂敷

包みたい箱に合わせて大判のハンカチを用意し、刺繍を散らします。お弁当包みやスカーフとしても。

○リボン　図案 c

薄手でつるっとしている素材には刺しづらいので、手芸用の綾テープ等を使います。見本は幅 20mm の厚口のもの＊。＊クロバー株式会社の商品を使用

○ラッピングペーパー　スキャンした刺繍で柄をデザインし、印刷します。見本は A3 サイズです。

○時計　図案 d

段ボールを 180mm の円形に切ります。刺繍した布の出来上がり線（180mm の円形）から 11mm くらい外側の位置を手縫い糸でぐし縫いし、段ボールに沿わせて包むように絞ります。裏に 170mm の円形に切った厚手のフェルトをボンドで貼り、市販のムーブメントと時計針をつけて完成です（ムーブメントをつけるための穴あけ工具が必要です。詳しいつけ方はムーブメントにある説明を参照してください）。

○ピンクッション（page74 参照）

市販のきせかえピンクッション＊に刺繍した布をセットします。選ぶ図案によって縮尺を変えてください。
＊クロバー株式会社の商品を使用

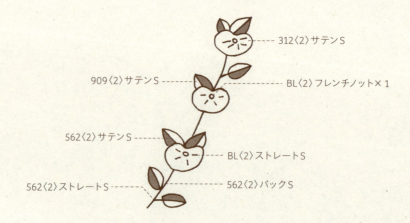

312〈2〉サテン S
909〈2〉サテン S
BL〈2〉フレンチノット×1
562〈2〉サテン S
BL〈2〉ストレート S
562〈2〉ストレート S
562〈2〉バック S

図案 c：リボン

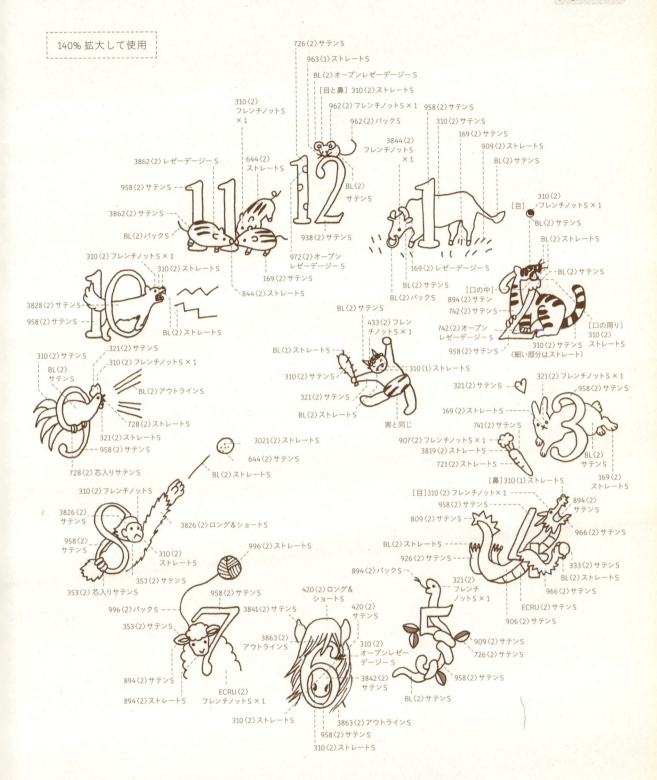

図案d：時計

作例のつくり方｜用の美のこころ

○ブローチ

刺繍をした布にキルト芯を貼り、市販のくるみボタンキットでブローチに仕立てます。見本はオーバル55＊。
＊クロバー株式会社の商品を使用

○りぼんバレッタ

[リボン部分]
80mm×65mmに刺繍をした布を10mmの縫いしろをつけて切ります。やわらかい布には接着芯を貼ってから図案を写しましょう。表布と裏布（見本は同系色の細かいチェック柄を使用）を中表で縫い合わせ、返し口から表に返し、返し口をコの字縫いで閉じアイロンをかけます。

[タイ部分]
35mm×15mmの布に折りしろ10mmをつけ、折りしろを内側に折り込み、後ろで縫い合わせます。

[金具部分]
60mm幅のバレッタを後ろに縫い留めて完成です。

○リング

[刺繍部分]
30mmの正三角形に模様を刺繍し、折りしろを3mm残して布を切り、裏に折って接着剤で留めます。

[金具部分]
同じサイズに切った革の中心に小さく切り込みを入れ、リングの台座（平たい円形のもの）を差し込んだら革と表布を接着剤（金属と布に使用できるものを使用）で接着します。

○ピアス

[刺繍部分]
25mmの正方形に模様を刺繍し、折りしろを3mm残して布を切り、裏に折って接着剤で留めます。

[金具部分]
同じサイズに切った革を接着剤で布の裏に貼り、乾いたら目打ちで上下に穴を開けます。上部の穴にCカンを通します。角度を正面にするためもう一つはめ、ピアスの金具をつけます。下部の穴にもCカンを通し、Tピンをつけた好みのビーズをつけます（金具を開閉するため丸ペンチが必要です）。

作例のつくり方｜アニミズム

○めがねポーチ 図案 e

めがねのサイズに合わせて布を切り、刺繍をします。図案を消して裏にキルト芯を貼り、ファスナーをつけて両端を縫い合わせます。見本は 70mm×155mm の出来上がりサイズで縫いしろは 10mm です。

○ブックカバー 図案 f、展開図

表布に刺繍をし図案を消します。裏布にバンドを仮縫いします（裏返すので向きに注意）。裏布を中表で合わせ、返し口を残して縫い合わせます。表に返し、返し口をコの字で縫い合わせます。左袖（表から見た方向）を65mmのところで内側に折り、上下をコの字で縫い合わせて（本を差し込む部分）、アイロンをかけたら完成。

○ハンカチ

好みのハンカチに刺繍をします。折って使うこと、刺繍枠をはめることを考慮して図案の位置を決めましょう。

○トートバッグ 図案 g

好みのトートバッグに刺繍をします。針が刺しづらいほど固い生地は避けましょう。

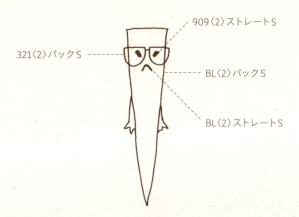

図案 e：めがねポーチ

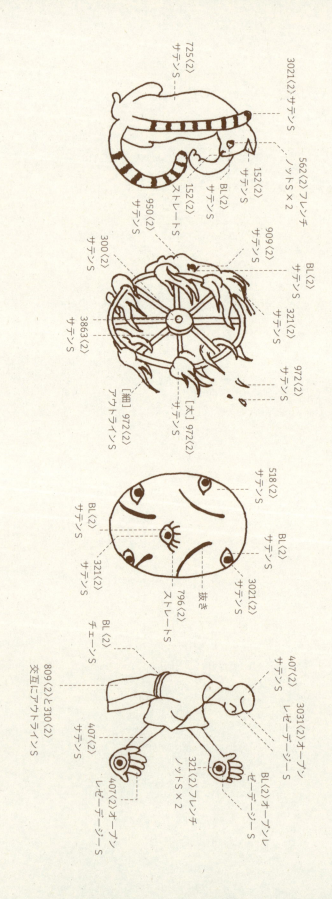

図案 f：ブックカバー

展開図：ブックカバー

大きめの文庫が入ります。掛けたい本の判型に合わせてサイズを調整してください。

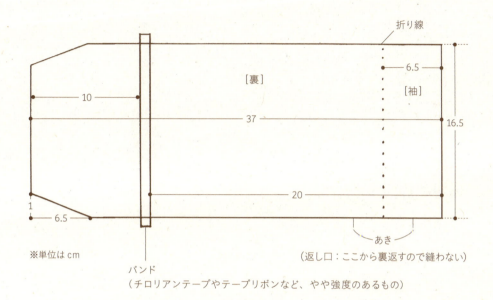

※単位はcm

バンド
（チロリアンテープやテープリボンなど、やや強度のあるもの）

（返し口：ここから裏返すので縫わない）

図案g：トートバッグ

千葉美波子（ちば みなこ）

ABCクリエイター、刺繍家。
手刺繍による作品制作のほか、企業や有名キャラクターとコラボした刺繍商品の開発、広告等への作品提供を手掛ける。刺繍教室や映画上映とコラボしたワークショップなど、伝える活動もときどき。著書に『アルファベットの刺しゅう手帖』（ソシム）、『紙刺繍のたのしび』（ビー・エヌ・エヌ新社／共著）、『通園通学のためのワンポイント刺繍とアップリケ』（大泉書店／共著）『いちばんやさしい猫刺しゅう』（エクスナレッジ／共著）など。

http://kuroyagishiroyagi.com
Instagram:@kuroyagishiroyagi

日本のかわいい刺繍図鑑

2017年5月18日　初版第1刷発行

著者：千葉美波子

刺繍制作アシスタント：松尾さやか
アートディレクション・デザイン：久能真理
デザインアシスタント：浅井祐香
編集：石井早耶香
編集アシスタント：金山恵美子
撮影：水野聖二

発行人：上原哲郎

発行所：株式会社ビー・エヌ・エヌ新社
〒150-0022 東京都渋谷区恵比寿南一丁目20番6号
Fax：03-5725-1511
E-mail：info@bnn.co.jp
www.bnn.co.jp

印刷・製本：シナノ印刷株式会社

○材料提供

ディー・エム・シー株式会社
Tel：03-5296-7831
http://www.dmc.com
（25番刺繍糸）

株式会社ルシアン
Tel：0120-817-125（お客様センター）
平日9:00〜17:30（土・日・祝は除く）
http://www.lecien.co.jp
（刺繍枠8cm、カラー刺繍枠 黄 10cm、骨筆、コピーペーパー 赤、にしきいと、麻地クラッシー〈ホワイト、シルバーグレー〉）

クロバー株式会社
Tel：06-6978-2277（お客様係）
http://www.clover.co.jp
（アイロン接着シート、クロバーNewチャコピー〈片面5色セット〉、きせかえピンクッション、綾テープ厚口20mm、手芸ボンド布用、くるみボタンブローチセット オーバル）

○撮影協力

AWABEES　Tel：03-5786-1600

UTSUWA　Tel：03-6447-0070

CIPOLLA　Tel：03-3746-3415

※本書に掲載されている図案、または図案をもとに制作した作品を販売することは禁じられております。図案を用いたワークショップや、作品展の開催もご遠慮ください。
※本書の内容に関するお問い合わせは、弊社Webサイトから、またはお名前とご連絡先を明記のうえE-mailにてご連絡ください。
※本書の一部または全部について、個人で使用するほかは、株式会社ビー・エヌ・エヌ新社および著作権者の承諾を得ずに、無断で複写・複製することは禁じられております。
※乱丁本・落丁本はお取り替えいたします。
※定価はカバーに記載してあります。

ISBN978-4-8025-1052-3
©2017 Minako Chiba
Printed in Japan